障害のある子が将来にわたって受けられるサービスのすべて

【第2版】

監修 **渡部 伸**
「親なきあと」相談室主宰

備えて安心

自由国民社

はじめに

　わが子に障害がある場合、ほとんどの親御さんは、その子の将来について不安や疑問を抱えていることと思います。学校のこと、仕事のこと、そして将来自分がいなくなったあと、残されたこの子はどうなるのだろう…。

　ただしそういった不安は、漠然としていることが多いのではないでしょうか。これから先にどんなことが待っているのかが見えないので、将来についての具体的なイメージを持つことができず、なんとなく、モヤモヤとした不安になっているのだと思います。

　実は障害者をとり巻く法律や制度は、近年大きく変わってきています。2000年の改正民法施行による成年後見制度スタート、障害者自立支援法から障害者総合支援法の成立や改正・施行、障害者権利条約の批准とそれに伴う障害者基本法や障害者差別解消法の成立など、新たな取り組みが立て続けに起きていて、21世紀に入ってからは毎年何らかの動きや変化がある状況です。

　また信託法の改正などにより、お金の管理について民間の金融機関等によるさまざまな動きも起こっています。

　その変化している環境の中で、いかに自分たちの状況に合う有効な情報を手に入れ、将来にそなえていくかが、障害のある子どもの今後の人生に大きな影響を与え、親自身の安心にもつながっていくことになります。

　そこでこの本では、障害があることで利用できる福祉サービス、公的な支援策、経済的なサポート制度などを、本人の年代やシーンごと

に紹介しています。こういった制度を知ることで、漠然とした不安を抱えている状態から、悩みの具体的な課題が明確になってきます。そして、自分たちは今後どんなことを準備していけばいいのかも見えてきます。悩みを可視化することで、不安に押しつぶされるのではなく、将来に向けた前向きな取り組みを考えることができるのです。

　障害のある子は、これから人生のさまざまなステージで「自立」するための勉強や訓練をすることでしょう。「自立」とは、子ども自身がすべてのことを自分でするという意味ではありません。それは障害があってもなくても一緒です。「自立」とは、一人でできないことや、困ったことがあったときに、適切な手段や支援してくれる制度や仕組みを使えることではないかと、私は考えています。そして、障害者にはこの本で紹介するような、たくさんの公的な支援、民間も含めたサポート制度があるということを、ぜひ知っていただきたいと思います。

　私には重度の知的障害のある娘がいます。子どもの将来について不安を抱えているという境遇は同じです。でも、さまざまな福祉の制度やサービス、取り組みがあることを知って、子どものためにできることをしていこう、と前向きな気持ちになれました。ぜひみなさんもこの本を手に取っていただき、子どもが「トク」をするように、上手に活用してください。

「親なきあと」相談室主宰

渡部　伸

3

障害のある子が
将来にわたって
受けられる
サービスのすべて

CONTENTS

第1章
障害のある子が受ける
保育・教育

19

● 障害があるとわかったら

● 障害がある子の教育

第2章
わが子が**働く年齢**になったら
どんなサービスがあるか？

39

● 就労相談 ●

第5章
20歳になったときの
障害年金の受け方

119

第6章
親が亡くなったあと
わが子はどうなるか？

障害児・者が受けられる
福祉サービスのあらまし

障害のある子が将来にわたってどのような福祉サービスが利用できるのか、知っておくことが大切です。各種の手当、助成、年金などは基本的に申請が必要です。うっかり申請を忘れたりすると、サービスが受けられなかったり遅れたりすることもあるので、おおまかな知識は身につけておくと安心です。

障害福祉サービスにはどんなものがあるか、あらましを紹介します。

障害者手帳によるサービス

障害のある人は、日常生活や社会生活に生じる制限を補うために、さまざまな福祉サービスを利用することができます。その資格があるかどうかを示すのが、障害の内容に応じて交付される障害者手帳です。身体・知的・精神の障害別に3種類あります。

●手帳の種類
・身体障害者手帳（身体障害者）
　→62ページ
・療育手帳（知的障害者）
　→66ページ
・精神障害者保健福祉手帳（精神障害者）→70ページ

●サービス
・特別児童扶養手当・障害児福祉手当→76ページ
・医療費などの助成→86ページ
・税の軽減→80ページ
・鉄道・バス・タクシー・航空運賃などの割引→85ページ
・NHK受信料・通信費など公共料金の割引→85ページ
・博物館・テーマパークなどの入場料の割引→85ページ

障害者総合支援法によるサービス

障害者総合支援法は、障害者・障害児の日常生活および社会生活を総合的に支援する法律で、介護や就労支援などの障害福祉サービスの基本的な部分が規定されています。障害児に関するサービスは、すべて「児童福祉法」に位置づけられています。

●サービスの対象者
・身体障害者
・知的障害者
・精神障害者（発達障害を含む）
・難病患者など
・障害児

●サービス
・障害児通所支援・障害児入所支援（児童福祉法による）→25ページ
・介護給付→98ページ

- 訓練等給付→98・99ページ
- 自立支援医療→88・99ページ
- 補装具の費用補助→99ページ
- 相談支援→99ページ
- 地域生活支援事業（移動支援など）
　→96ページ

自治体の障害者サービス

　市区町村・都道府県で独自に実施している障害福祉サービスも少なくありません。各種の手当も自治体によって金額が違ったり対象の条件が違ったりしているので、どんなサービスが受けられるか居住地の役所の担当窓口にお尋ねください。

●サービスの対象者
- 主に障害者手帳の取得者
- 各自治体の規定による

●サービス
- 各種の手当
- 医療費の助成
- 日常生活の支援
- 情報の支援
- 交流・社会参画

障害年金

　20歳前に障害があれば、20歳になったら「障害基礎年金」が申請できます。障害の程度によって支給される金額が違います。20歳前に初診日がある先天性の障害者は、「障害基礎年金」の給付対象になりますが、障害厚生年金の給付対象にはなりません。

●サービスの対象者
- 20歳以上で申請により、一定以上の障害が認められた者（障害基礎年金）
- 病気やケガが診断されたとき厚生年金の加入者だった者（障害厚生年金）

●サービス
- 障害基礎年金（1級・2級）
　→127ページ
- 障害厚生年金（1級・2級・3級・障害手当金）→127ページ

介護保険によるサービス

　介護が必要とされる障害の場合、65歳未満であれば障害者総合支援法による福祉サービスを利用しますが、65歳になったら、総合支援法のサービスではなく介護保険によるサービスを利用します。

●サービスの対象者
- 65歳以上の第1号被保険者
- 40歳以上65歳未満の特定疾病の第2号被保険者

●サービス
- 訪問介護
- 通所介護
- 短期入所介護
- 施設サービス　など

障害者を支援する
法律と施策の流れ

	国内の障害者福祉施策	国際的な障害者関連施策
1947年 (昭和22)	・「児童福祉法」公布	
1949年 (昭和24)	・**「身体障害者福祉法」公布** 　(身体障害者手帳の法律のはじまり)	
1950年 (昭和25)	・**「精神衛生法」公布** 　(のちに「精神保健福祉法」に改正)	
1952年 (昭和27)	・**「全国精神薄弱児育成会(手をつなぐ親の会)」** 　**結成**	
1960年 (昭和35)	・**「精神薄弱者福祉法」公布** 　(のちに「知的障害者福祉法」に改正) ・**「身体障害者雇用促進法」公布** 　(当初は事業者の努力目標だった)	・第1回パラリンピック 　競技大会(ローマ) 　1960年(昭和35) ・国連の世界精神衛生年 　1961年(昭和36) ・国連の国際人権年 ・国連総会「児童権利憲 　章」採択 　1968年(昭和43)
1970年 (昭和45)	・**「心身障害者対策基本法」公布** 　(のちに「障害者基本法」に改正・改題)	・国連総会「知的障害者 　の権利宣言」採択 　1971年(昭和46) ・国連総会「障害者の権 　利に関する宣言」採択 　1975年(昭和50) ・第1回パラリンピック 　冬季競技大会(スウェ 　ーデン) 　1976年(昭和51) ・国際障害者年 　1981年(昭和56)
1982年 (昭和57)	・第1回「障害者の日・記念の集い」開催	

	国内の障害者福祉施策	国際的な障害者関連施策
1987年 (昭和62)	・「障害者雇用促進法」公布 （「身体障害者雇用促進法」からの改正。知的障害者も適用対象になる） ・「精神保健法」公布 （「精神衛生法」からの改正。社会復帰施設の法定化）	・「国連・障害者の10年」開始 1983年（昭和58）
1993年 (平成5)	・「障害者基本法」公布 （「心身障害者対策基本法」が一部改正され、改題された）	・国連総会「障害者の機会均等化に関する標準規則」採択 1993年（平成5）
1995年 (平成7)	・「精神保健福祉法」公布 （精神保健法から精神保健福祉法へ＝手帳制度の創設）	
1998年 (平成10)	・知的障害者の雇用も義務化に	
1999年 (平成11)	・「知的障害者福祉法」公布 （「精神薄弱者福祉法」が精神薄弱の用語の整理のための関係法律の一部を改正）	
2003年 (平成15)	・障害者の福祉サービスが「措置制度」から「支援費制度」へ	
2005年 (平成17)	・「発達障害者支援法」施行 （発達障害の人も障害者サービスが受けられるようになる）	
2006年 (平成18)	・「障害者自立支援法」施行 （3障害共通の制度へ） ・「バリアフリー法」施行 （高齢者・障害者の移動などが円滑に行えるように社会で促進する法律） ・精神障害者も「障害者雇用促進法」の適用対象になる	・国連「障害者の権利に関する条約」 2007年（平成19）
2012年 (平成24)	・「障害者虐待防止法」施行	
2013年 (平成25)	・「障害者総合支援法」施行 （「障害者自立支援法」を廃止。応能負担へ）	
2016年 (平成28)	・「障害者差別解消法」施行	

障害者を支援する法律と施策の流れ

13

障害のある子を
サポートするサービス

わが子の障害がわかったとき、ほとんどの親は現実を冷静に受け止めることができないでしょう。現実を否定し、悲観し、やがて受け入れ、わが子が不幸にならないように将来のことを真剣に考えるというプロセスを経ることが多いようです。

わが子が将来どんな生き方をするのか、子どもの個性によってまちまちでしょうが、公的なサービスを軸

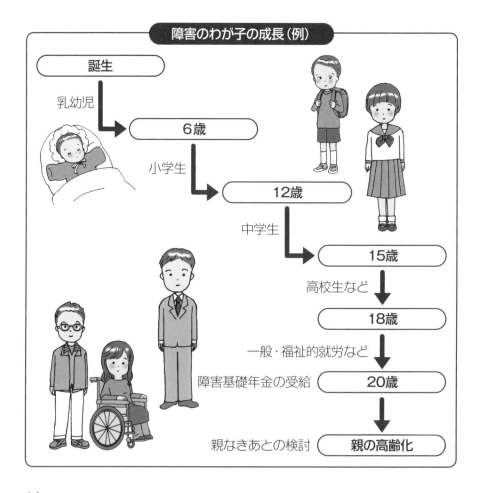

障害のわが子の成長（例）

誕生

乳幼児

6歳

小学生

12歳

中学生

15歳

高校生など

18歳

一般・福祉的就労など

障害基礎年金の受給　20歳

親なきあとの検討　親の高齢化

に考えると図のようなケースが考えられます。1つの例として参考にしてください。

　乳幼児健診などでわが子の障害がわかったら、病院や保健所などに相談し、親としてどのようなケアができるか、時間をかけてもよいのでゆっくり考えましょう。

　障害が判明したら、早めに障害者手帳を申請することをお勧めします。医療費の助成など公的な支援を受けられる可能性があります。幼児教育・保育の年齢になり、さらに小学校・中学校・高校と進む年齢になったら、教育機関や児童相談所などに相談し、わが子に合った教育を受けられるように親として適切な判断をすることが大切です。

子どもの誕生

・乳幼児健診
・病院・保健所などに相談
・役所の担当窓口・児童相談所などに相談

・障害者手帳の申請
　（障害が判明したら手帳を申請することをお勧めします）
・障害者総合支援法によるサービスの申請
　（サービスが必要になったら申請する。申請のしかたはサービスによって異なります）

3～5歳

幼児教育・保育

・障害児専門の施設
・健常児との統合教育・保育
・市区町村によって異なる

・私立でも積極的に受け入れるところがある

障害のある子の大きな区切りとなるのは、学齢期になった時期、そして一般的に就労年齢に達するときです。特別支援学校などを卒業し、一般就労・福祉的就労に就くケースがありますが、わが子にどのような可能性があり、どのような進路先がよいのか、わが子と話し合いながら決めていきます。

障害者手帳は「身体障害者」「知的障害者」「精神障害者」が取得できる手帳は、それぞれの手帳制度に分かれていますが、支援を受けられるサービスはほぼ同じです。ただ、それぞれ障害の程度によって等級があり、利用できるサービスや割り引かれる金額などには違いがあります。

障害者手帳によるサービスと異なる法律で定められているのが、「障害者総合支援法」によるサービスで

6歳

小学校入学

・通っている幼稚園・保育園に相談
・役所の担当窓口・教育委員会などに就学相談

●小学校の通い方
・小学校の通常の学級に通学
・小学校の特別支援学級に通学
・小学校の通常の学級に通学しながら、特別支援学級に通級（あるいは逆のケース）
・特別支援学校に通学

12歳

中学校入学

・通っている小学校に相談
・役所の担当窓口・教育委員会などに相談

●中学校の通い方
・中学校の通常の学級に通学
・中学校の特別支援学級に通学
・特別支援学校に通学

す。

法律は違いますが、障害者手帳を取得することで障害者総合支援法によるサービスが受けやすく、障害基礎年金の受給もしやすくなるので、早い時期から手帳の申請は怠らないようにしましょう。

　障害者総合支援法による就労支援サービスには、就労の支援や生活の支援などがあるので、将来のこと

も見通しながら、わが子にいちばんふさわしい支援を選択しましょう。

　わが国の年金の制度では、一定の障害のある人には「障害年金」が給付されますが、障害となる病気やケガで初めて医師などの診療を受けたときに年金に加入し保険料を支払っていることが条件になっています。

　ただし、先天性の障害のある人の

15歳

中学校卒業

・通っている中学校に相談
・役所の担当窓口・教育委員会などに相談

●卒業後の進路
・一般就労
・福祉的就労
・通常の高校に進学
・特別支援学校に進学
・生活介護

18歳

高校などを卒業

●卒業後の進路
・一般就労
・福祉的就労
・生活介護
・大学・専門学校などに進学

場合、出生日が初診日として見なされ、保険料を支払っていなくても、20歳になり一定の障害があることを認定されたとき「障害年金」が支給されます。障害のある子が自ら申請するのは難しいでしょうから、親はわが子が20歳になったら、障害年金の申請手続きをしましょう。

親が高齢になったら、ほかの家族や支援者と親のなきあと障害のあるわが子の生活のしかたについて、話し合っておくことが大切です。成年後見制度や信託制度などを活用してわが子が安心して暮らしていけるような準備をしておきましょう。

20歳

障害基礎年金の申請

・国民年金に加入（厚生年金に加入していない場合）
・医師の診断書などを添付して申請

・**障害基礎年金の受給開始**

その他のサービス（※20歳前から受けられる）

・障害者手帳によるサービスの利用（各種の手当・助成などの支援サービスを受け、日常生活・社会生活に生ずる制限を補います）
・障害者総合支援法による福祉サービスの利用（介護・就労支援などの支援サービスを受けて日常生活・社会生活の充実を図ります）

親の高齢化

親なきあとの検討

・相続について
・遺言について
・成年後見制度について

・信託制度などの利用について
・親の死後の子の住まいについて

第1章

障害のある子が受ける 保育・教育

子どもに障害があるとわかるのはどのようなときですか？

障害がある疑いをもつ機会は、それぞれ違います。障害によっては、出生前診断や出生後すぐにわかる場合もあります。しかし、もっとも明らかになりやすい機会が乳幼児健康診査（乳幼児健診）です。

乳幼児健診は障害を早期発見するためにも大切

「乳幼児健康診査（乳幼児健診）」は、母子保健法で定められており、各市区町村が1歳6カ月児健診（1歳6カ月〜2歳未満児を対象）と3歳児健診（3歳〜4歳未満児を対象）を実施しています。

このほか、出産した医療機関では生後1カ月の健診を、また自治体によっては、3〜4カ月健診、6〜7カ月健診、9〜10カ月健診などを行っているところもあります。

健診は、心身の発達状態を確認することで、先天的な疾病を早期に発見することを目的としています。障害の有無にかかわらず子育ての悩みなども相談できます。

指定された日にちが都合の悪い場合は、健診の案内に書かれている窓口に相談しましょう。

健診によって障害が疑われたら精密検査もしくは要観察

基本的な診察は医師が中心となって行いますが、保健師や歯科医師、必要に応じて心理相談員や栄養士など専門家の所見も加えた診断が下されます。

この段階で何らかの障害が疑われる場合、多くは、血液や脳波の検査、ＣＴスキャンやＭＲＩなどの精密検査を受けて、診断が確定されます。

また、障害かその子の個性か確定することが難しく、「要観察」となることもあります。

その際は、3カ月程度ごとに継続的な健診が行われます。

障害の種類によって経過観察の手法は異なりますが、知的障害などの場合、各自治体や保健所などが実施しているグループ教室などの利用を勧められることもあります。

乳幼児健康診査（乳幼児健診）の主な流れ

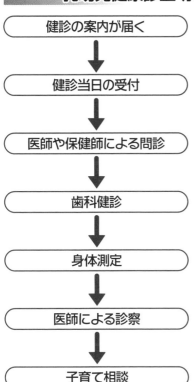

（　健診の案内が届く　）　健診当日に必ず持っていきましょう。

↓

（　健診当日の受付　）

↓

（　医師や保健師による問診　）　家族の病歴、新生児期の異常の有無、栄養の摂取方法、排泄の状況などについて確認します。

↓

（　歯科健診　）　歯科医師が虫歯の有無や噛み合わせについて確認します。

↓

（　身体測定　）　体重、身長、頭囲、胸囲を測定します。

↓

（　医師による診察　）　身体や精神の発達状態を医師が診察します。

↓

（　子育て相談　）　必要に応じて、心理相談員や栄養士などが個別の相談にのってくれます。

●乳幼児健康診査の健診内容

1歳6カ月児健診
①身体発育状況
②栄養状態
③脊柱・胸郭の疾病及び異常の有無
④皮膚の疾病の有無
⑤歯と口腔の疾病及び異常の有無
⑥四肢運動障害の有無
⑦精神発達の状況
⑧言語障害の有無
⑨予防接種の実施状況
⑩育児上問題となる事項
⑪そのほかの疾病及び異常の有無

3歳児健診
1歳6カ月の健診内容
＋
①眼の疾病及び異常の有無
②耳・鼻・咽頭の疾病及び異常の有無

障害が疑われたらどこに相談すればいいですか?

障害の種類や状態、相談したい内容によって、相談窓口はいくつかあります。まだ疑いの段階であれば、児童相談所や保健所などで育成相談や保健相談を受けてみるとよいでしょう。

日常生活で障害が疑われたら身近な相談窓口を利用する

健診で障害が疑われた場合、診断によっては診察した医師から専門医を紹介されます。

しかし、日常生活のなかで、うまくコミュニケーションが取れなかったり、視線を合わせることができないなど、成長し始めるにつれて気がかりなことが現れる場合もあります。

そのようなときは、次回の健診を待たず、身近なところにある相談窓口を利用しましょう。

乳幼児期に現れる障害は、早期発見によって症状が軽減されるケースも少なくありません。

漠然とした不安でもまずは相談してみる

障害が疑われた場合に、健康や育成について幅広い相談ができるのが児童相談所や保健所です。

児童相談所は、障害のある児童だけでなく、18歳未満のすべての子どもを対象にしており、一般的な健康相談にも応じてくれます。

保健所は、障害の有無や年齢にかかわらず、地域住民の健康に関する相談や指導をする機関で、妊娠時からサポート体制が整っています。

これらには、さらに地域に密着した役割を務めるために、児童相談センターや保健センターが設けられています。

すべての児童の健やかな育成を目的とした児童家庭相談窓口でも、障害児に関する相談をすることが可能です。市区町村によっては、保健センターや福祉事務所の中に設置されている場合もあります。

また、発達障害については、発達障害者支援センターで専門的な相談をすることもできます。

障害のある児童に関する主な相談窓口

児童相談所

身体障害・知的障害・発達障害に関する相談だけでなく、しつけや性格などについての育成相談や、一般的な健康管理に関する相談にも応じてくれます。

児童相談センター

児童相談所の役割をもつとともに、総合的な診断・治療・指導の機能も併せもちます。緊急性のある相談については、休日・夜間でも対応が可能です。

保健所

地域住民の健康の保持と促進を行う機関で、障害児については保健相談や指導などを受けることができます。

保健センター

保健所の機能をより身近にした機関で、乳幼児の保健指導や健康診査を担当しています。

福祉事務所

主に福祉関係の手続きを行うところで、身体障害・知的障害のある児童の福祉サービスに関する相談に応じてくれます。

児童家庭相談窓口

すべての児童の健やかな育成を目的とした窓口で、保健センターや福祉事務所に設置されていることもあります。

発達障害についての相談窓口

発達障害者支援センター

発達障害児（者）とその家族に対して、専門的な相談に応じてくれます。

23

障害児の福祉サービスには
どのようなものがありますか？

障害児に対しては、児童福祉法に基づくさまざまなサービスがあります。障害の状態や生活スタイルによって利用できるサービスが異なるので、障害について相談する際に併せて確認してみましょう。

通所系・訪問系・入所系と相談支援系のサービスがある

障害児に対するサービスは、**通所系・訪問系・入所系**のサービスと、サービスを利用するにあたっての**相談支援系**に大別されます。

通所系のサービスは、児童発達支援センターなどの施設に通って、障害がある子が発達支援を受けたり、その家族が支援を受けたりするものです。

対象となるのは、主に未就学の障害児で、児童発達支援は発達障害、知的障害、難聴、肢体不自由、重症心身障害などの障害がある子ども、医療型児童発達支援は治療が必要な子どもです。

また、就学後の障害児は、放課後や夏休みなどの長期休暇に通える放課後等デイサービスを利用することができます。

平成30年より強化された訪問系サービス

訪問系のサービスは、保育所などを利用中の障害児を訪問して、集団生活に適応するように支援するサービスです。

これまで、保育所、幼稚園、認定こども園、小学校、特別支援学校、各自治体が集団生活を営む場所と認めた施設が訪問先となっていましたが、平成30年より、乳児院と児童養護施設も訪問範囲となりました。

さらに、重度の障害のために通所支援が受けられない児童を対象に、居宅訪問型児童発達支援が新設されました。

入所系のサービスは、障害のある児童が施設に入って受けるものです。

入所の継続が必要と認められた場合は、障害者総合支援法により、満20歳に達するまで利用が可能です。

児童福祉法に基づく障害児を対象とする福祉サービス

通所系	児童発達支援	主に未就学の障害児が日常生活における基本的な動作の指導、知識技能の付与、集団生活への適応訓練などの支援を受ける（詳しくは38ページ）
	医療型児童発達支援	児童発達支援に加えて、治療が施される
	放課後等デイサービス	放課後や夏休み等の長期休暇中に放課後等デイサービス事業所などに通い、生活能力向上のための訓練や社会との交流促進などの支援を受ける（詳しくは38ページ）
訪問系	保育所等訪問支援	障害児以外の児童との集団生活に適応できるように、保育所、乳児院・児童養護施設などに通い、専門的な支援を受ける
	居宅訪問型児童発達支援	重度の障害などにより外出が著しく困難な場合、居宅に訪問してもらい発達支援を受ける
入所系	福祉型障害児入所施設	入所している障害児を対象に、保護、日常生活の指導、知識技能を付与してもらう
	医療型障害児入所施設	福祉型障害児入所施設の支援に加えて、治療が施される
相談支援系	計画相談支援 （※障害者総合支援法に基づく）	サービス申請時とサービス利用による給付金の支給が決定した後に、サービス等利用計画を作成してもらう。また、サービスを受ける事業所などとの連絡調整を行ってもらう
	障害児相談支援	障害児通所支援の申請時と給付決定後に、利用計画を作成してもらう

「要観察」の段階で利用できるサービスはありますか？

明らかに障害者であると認定され、障害者手帳などの発行によって受けられるサービスのほかに、障害が疑われる児童を対象にした療育サービスがあります。

障害者手帳がなくても受けられる療育サービス

療育とは、障害をもつ児童が社会的に自立することを目的として施される医療と保育のことで、児童発達支援サービスの根幹となった概念です。

療育を受けさせる経緯は、医師から勧められたり、保護者が自ら決めて施設に通わせるなどさまざまなケースがありますが、児童福祉法による児童発達支援サービスを利用することもできます。

この場合、障害者手帳などは不要で、障害の程度に関係なく必要なサービスが受けられるため、障害が軽微な場合や疑いがある段階の児童でも利用可能です。

サービスを利用するなら通所受給者証を取得する

療育は、基本的に18歳未満の障害（身体障害・知的障害・精神障害・発達障害）をもつ児童を対象に、療育センターなどの施設で行われます。

療育の内容については、障害の種類や施設によって異なるので、いくつか施設を見学してから決めるとよいでしょう。

大切なのは、早いうちから療育を受けることです。障害によっては、社会生活に必要なスキルを身につけることができ、集団のなかで上手に生活できるようになります。

療育サービスを利用する際は、「通所受給者証」を取得しましょう。利用料が1割負担で利用できるうえに世帯の所得に応じて負担額の上限が決められているので、よりサービスが利用しやすくなります。申請から取得までに1カ月半〜2カ月の期間が必要となることがあるので、まずは、市区町村の窓口に相談しましょう。

通所受給者証を取得するための一般的な流れ

① 市区町村の窓口に相談する

② 利用したい施設を決めて、内諾をもらう

・いくつかの施設を見学して、適した施設を決めましょう。
・施設によっては利用者がいっぱいになっているところもあるので、事前の確認が大切です。

③ 障害児通所給付費支給を市区町村の窓口に申請する

・所定の申請書、障害児支援利用計画案のほか、申請に必要な書類は、自治体によって異なります。

④ 市区町村による調査を受ける

・障害の種類や程度、適切なサービスについて検討されます。
・申請状況によっては調査を受けずに取得できることもあります。

⑤ 支給が決定し、通所受給者証が発行される

・給付が決定するまで、１カ月半〜２カ月程度かかることもあります。
・受給者証の給付決定内容に基づき、相談支援事業者に障害児支援利用計画を作成してもらいます。

⑥ 利用の内諾をもらった施設と利用契約を結ぶ

⑦ 施設を利用し、利用者負担額を支払う

教育システムの基本とされている
インクルーシブ教育とは何ですか？

障害の有無にかかわらず、だれもが多様性を尊重され、生活する地域の初等中等教育の機会が与えられるしくみのことです。障害のある人とない人が共に学ぶだけでなく、多様な学びの場が必要であるとされます。

障害のある子や保護者の意見が尊重される就学先

インクルーシブ教育システムの構築は、国連で採択された「**障害者の権利に関する条約**」のなかでうたわれたもので、日本を含む多くの国が批准しています。

具体的な方法は国によって異なり、障害者を対象とした特別支援学校や学級を廃止した国もあれば、多様な学びの場を維持していくことで、障害のある人もない人も尊重される教育システムを実現している国もあります。かつて日本では、障害の種類や程度の基準に該当した児童を、原則として特別支援学校に入学させるというしくみをとっていました。

しかし現在では、教育に必要な支援の内容や、児童が生活する地域の教育体制の整備状況など諸般の事情を総合的に判断し、さらに、障害のある子どもと保護者の意見を最大限に尊重して、特別支援学校か地域の小中学校に就学するかが決定されるようになりました。

一人ひとりに合った教育的ニーズの実現

インクルーシブ教育の実現に欠かせないのが、**特別支援教育**です。

これは、障害のある子ども一人ひとりの教育的ニーズを把握して、適切な指導や必要な支援を行うことで、子どもの自立と社会的参加を目指すもので、地域の医療や保健、福祉、労働にかかわる機関などが連携して教育を支えます。

発達障害のある子どもがいる小中学校では、保護者の相談窓口となって、これらの関係機関や校内の関係者との連携を推進したり、担任を支援したりする**特別支援教育コーディネーター**が置かれています。

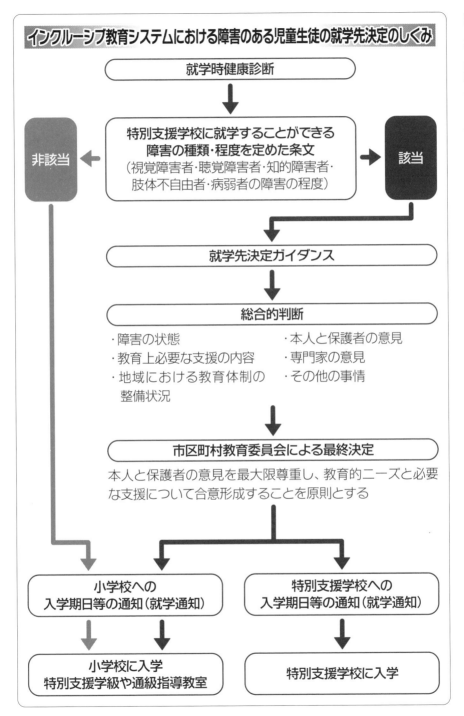

インクルーシブ教育システムにおける障害のある児童生徒の就学先決定のしくみ

就学時健康診断

特別支援学校に就学することができる
障害の種類・程度を定めた条文
（視覚障害者・聴覚障害者・知的障害者・
肢体不自由者・病弱者の障害の程度）

非該当

該当

就学先決定ガイダンス

総合的判断

・障害の状態
・教育上必要な支援の内容
・地域における教育体制の
　整備状況

・本人と保護者の意見
・専門家の意見
・その他の事情

市区町村教育委員会による最終決定

本人と保護者の意見を最大限尊重し、教育的ニーズと必要
な支援について合意形成することを原則とする

小学校への
入学期日等の通知（就学通知）

特別支援学校への
入学期日等の通知（就学通知）

小学校に入学
特別支援学級や通級指導教室

特別支援学校に入学

障害のある子はどのように
小学校を選びますか？

お子さんに障害がある場合や発達に不安がある場合など、各市区町村で就学相談を受け付けています。相談の方法や就学先の決め方などはそれぞれの自治体で多少異なりますので、まずは相談してみましょう。

通う学校で迷う前に
市区町村の窓口に相談する

前述したように、特別支援教育の推進により、障害のある子どもでも本人や保護者の意向が尊重され、多様な学びの場で教育の機会を得られるようになりました。

その一方で、どのように選ぶのがよいのか、悩ましいところでもあると思います。

市区町村の窓口では、障害のある子どもや発達に不安がある子どもの保護者に対して、就学の相談を受け付けています。

これは、学齢になったからといって通知が来るわけではないので、入学の前年になったら窓口に問い合わせてください。

前年度の春ごろには、就学相談の申し込みを受け付けている自治体もあるようです。

子どもと保護者の意向を
しっかりもつことが大切

相談から就学先が決定するまでの流れは自治体によって多少異なりますが、一般的には、就学相談の申し込みをしたのち、説明会や個別の面談があり、就学先を検討する委員会との話し合いがもたれるという順序になります。

個別の面談では、子どもの状態を詳しく話すだけでなく、本人や保護者の希望をしっかりと伝えましょう。具体的に学校や学級を決められなくとも、見学や体験入学などを申し込んで意思を固めていくこともできます。

就学先についての検討結果が出ても、そこに通わなければならないということではありません。希望と異なるときは、納得できるまで話し合うことが大切です。

就学相談の一般的な流れ

①就学相談の申し込み

- 基本的に、就学時健康診断のように通知が来るわけではないので、保護者が自ら申し込む必要があります。
- 申し込みの時期や方法など、市区町村の窓口に確認してください。

②就学相談説明会

- 申し込み者すべてに対するガイダンスを行います。
- 集団説明会を行わず、個別の面談を行う自治体もあります。

③相談員との面談

- 子どもの状態を具体的に伝えるために、障害者手帳や診断書、療育施設の報告書などを持参するとよいでしょう。
- 保護者サイドの希望を伝え、地域の支援学校や学級、通級についての情報を確認することも大切です。
- あらかじめ気になる学校などをチェックしておき、見学や体験入学ができるか確認しましょう。学校によっては公開日が決まっていたり、教育委員会への申し込みが必要なケースもあります。

④相談員がふだんの様子を観察し、資料を作成

- 子どもが通っている保育園や療育施設などを訪ね、行動を観察します。

⑤就学支援委員会が就学先を検討

- 市区町村の特別支援学校の教諭や医師、臨床心理士などで構成された委員会が、子どもの行動観察や医師の診断をもとに就学先を検討します。

⑥検討結果を踏まえた面談

- 就学支援委員会での検討結果を踏まえ、保護者の意見を聞きながら就学先について話し合いを行います。

⑦教育委員会から就学通知が来る

- 最終的な就学先の通知が来ますが、納得いかない場合は、再度、話し合いの場を設けてもらうこともできます。

障害のない子といっしょに授業を受けてついていけますか？

すべての授業を障害のない子といっしょに受けるわけではなく、障害の種類や程度によって適した学びの場があります。障害のある子がいきいきと学べるよう、慎重に学校を選びましょう。

軽度な障害なら通常学級に通う方法もある

障害のある子の学びの場は、主に次の3つに大別できます。

①通常学級と通級指導教室

地域の学校の通常のクラスで障害のない子といっしょに授業を受けながら、週に1～8時間、ほかの学校に設置された通級指導教室に通います。

対象となるのは、知的障害、言語障害、自閉症、情緒障害、弱視、難聴、学習障害、注意欠陥多動性障害などの子どもです。

障害の種別ごとに設けられた教室で、障害の程度に応じた授業を受けます。

ただ、通級指導教室に通うあいだ、通常の授業を受けられないというデメリットがあり、文部科学省では通級指導教室の教員が障害のある子どものいる学校を巡回する（特別支援教室）構想を打ち立てました。

これにより、例えば東京都では、発達障害や情緒障害のある子を対象にした特別支援教室をすべての公立小学校に導入しています。

障害のある子たちだけで授業を受ける方法もある

②特別支援学級

地域の学校のなかに設置された、障害のある子どもたちを集めたクラスです。

1クラス8人を上限とし、障害の種別に分けられます。

同じ学校内に障害のない子どもがいるため、交流を図ったり共同学習などを行うこともできます。

③特別支援学校

障害のある子を対象とした学校で、障害の状態に合わせて、専門性の高い教職員が授業を行うため、重度の障害でも通うことができます。

多様な就学先

地域の学校

通常学級

　地域の学校の通常のクラスで、障害のない子どもたちといっしょに学ぶ。

　学校によっては、少人数指導や習熟度別の授業が行われることもある。

交流及び共同学習

特別支援学級

　障害の種別ごとに集められた少人数の教室で、一人ひとりの状態に合わせた教育が行われる。

　地域の学校の中にあるので、通常学級のクラスとも交流がある。

通級指導教室

　通常学級に在籍してほとんどの授業を障害のない子どもたちと一緒に学びながら、週に何時間か通級指導教室に通って、障害の状態に応じた特別の授業を受ける。

特別支援教室

　通級が、通常学級から通級指導教室が開かれる学校に子どもが移動するのに対し、特別支援教室は、教員が障害のある子どものいる学校を巡回するシステム。

　インクルーシブ教育の一環で、例えば東京都ではすべての公立小学校に特別支援教室が設置されている。

交流及び共同学習

特別支援学校

　障害のある子どもたちを対象とした学校で、一人ひとりの障害の状態に合わせた授業が行われる。

　専門性の高い教職員が少人数の教室を受け持つため、重度の障害児にも対応してくれる。

特別支援学校の授業は地域の小中学校とどのように違いますか?

視覚障害、聴覚障害、肢体不自由、病弱の子どもについては、通常の小中学校に準じた教科構成と内容です。知的障害のある子どもについては、障害の特徴や学習するうえでの特性を踏まえた内容になっています。

幼稚部から高等部まである特別支援学校

特別支援学校は、かつて、盲学校、ろう学校、養護学校と区分されていた学校を一本化したもので、基本的に、障害の種別ごとに分かれていますが、都道府県によっては複数の障害を1つの学校で受け入れているケースもあります。幼稚部が併設されている特別支援学校もあり、小学部、中学部、高等部まで入学者は年々増加傾向にあります。

知的障害のある子ども以外は、通常の学校に準ずる教科や道徳、特別活動、総合的な学習の時間が組み込まれており、そのほかに、障害に基づく困難の改善・克服を目的とする自立活動の時間があるのが特徴です。

知的障害のある子どもの場合、自立活動はありますが、教科の内容を学年別に分けず、社会、理科、家庭科などを必修にするといった障害の特性に合わせた授業が行われます。

医療的ケアや訪問教育など柔軟に対応してくれる

学習が困難な子どもについては、各教科の内容の一部を取り扱わなかったり、下の学年の内容の一部または全部を代替したりと、個々の状態に合わせた指導が行われます。

また、2つ以上の障害を併せ持つ子どもには、特例の措置として訪問教育が認められています。

さらに、特別支援学校では、研修を受けた教員が、常駐している看護師と連携して特定の医療的ケアを行うことができるようになりました。

これにより、口腔内・鼻腔内・気管カニューレ内の痰の吸引や、胃ろうまたは腸ろうによる経管栄養、経鼻経管栄養が必要な子どもも、学校に通うことが可能になっています。

特別支援学校における自立活動の内容

① 健康の保持	(1) 生活のリズムや生活習慣の形成に関すること。 (2) 病気の状態の理解と生活管理に関すること。 (3) 身体各部の状態の理解と養護に関すること。 (4) 健康状態の維持・改善に関すること。
② 心理的な安定	(1) 情緒の安定に関すること。 (2) 状況の理解と変化への対応に関すること。 (3) 障害による学習上又は生活上の困難を改善・克服する意欲に関すること。
③ 人間関係の形成	(1) 他者とのかかわりの基礎に関すること。 (2) 他者の意図や感情の理解に関すること。 (3) 自己の理解と行動の調整に関すること。 (4) 集団への参加の基礎に関すること。
④ 環境の把握	(1) 保有する感覚の活用に関すること。 (2) 感覚や認知の特性への対応に関すること。 (3) 感覚の補助及び代行手段の活用に関すること。 (4) 感覚を総合的に活用した周囲の状況の把握に関すること。 (5) 認知や行動の手掛かりとなる概念の形成に関すること。
⑤ 身体の動き	(1) 姿勢と運動・動作の基本的技能に関すること。 (2) 姿勢保持と運動・動作の補助的手段の活用に関すること。 (3) 日常生活に必要な基本動作に関すること。 (4) 身体の移動能力に関すること。 (5) 作業に必要な動作と円滑な遂行に関すること。
⑥ コミュニケーション	(1) コミュニケーションの基礎的能力に関すること。 (2) 言語の受容と表出に関すること。 (3) 言語の形成と活用に関すること。 (4) コミュニケーション手段の選択と活用に関すること。 (5) 状況に応じたコミュニケーションに関すること。

特別支援学校の高等部では
専門的な教育を受けられますか?

障害のある子どもの自立や社会生活に必要な教育をめざす特別支援教育では、高等部を卒業したあとの就労についても配慮しています。そのため、障害の特性に合った専門的な教科や科目が組み入れられています。

社会に出て働くスキルが得られる専門的な教科

視覚障害、聴覚障害、肢体不自由、病弱の子どもに教育を行う特別支援学校の高等部では、通常の高等学校に準じる教科のほか、障害の特性に応じた専門的な教育を行っています。

例えば、視覚障害者は医療と社会、疾病の成り立ちと予防などの保健理療を学ぶことは、マッサージや指圧師などのスキルを身につけるための基礎知識となります。

いっぽう、知的障害のある生徒には通常の教科ではなく、家政、農業、工業、流通・サービスなどの専門的な教育が中心となります。

普通科のほかに職業学科がある特別支援学校が増加している

また、近年増加しているのが、企業への就職をより現実的に捉えた職業学科です。

応募資格や教育内容などは地域によって異なりますが、一般的に軽度から中程度の知的障害のある生徒を対象としています。

例えば東京都の場合、職業学科には、職能開発科と就業技術科が設置されています。

職能開発科は、任された職務を正確に遂行できる能力を育成する「基礎的職業教育」で、軽度から中程度の生徒が対象です。

いっぽう、就業技術科は、軽度の生徒を対象に、自ら判断して職務を遂行する能力を育成する「専門的職業教育」を行います。

これらの職業学科は、少人数で教育が行われるため定員があり、調査書や適性検査、面談などによる選考が行われ、入学の可否が総合的に判断されます。

特別支援学校の高等部における専門的な主な教科

視覚障害のある生徒を対象にした学校	調律、保健理療
聴覚障害のある生徒を対象にした学校	印刷、理容・美容、クリーニング
知的障害のある生徒を対象にした学校	家政、農業、工業、流通・サービス

特別支援学校の高等部専攻科における主な教科

視覚障害	保健理療	あん摩マッサージ指圧師
	理療	あん摩マッサージ指圧師、はり師、きゅう師
	理学療法	理学療法士
聴覚障害	理容・美容	理容師、美容師
	歯科技工	歯科技工士

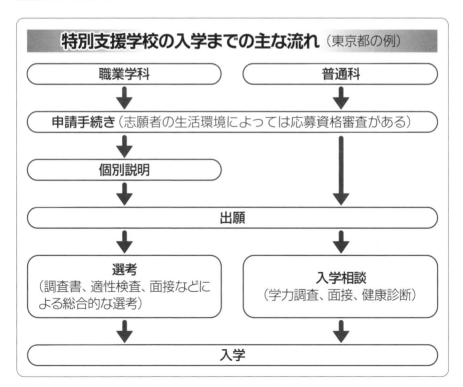

利用者が増えている「児童発達支援」と「放課後等デイサービス」

児童福祉法に基づく障害児を対象にした福祉サービスのなかでも、とくに利用者が急増しているのが、通所系サービスの「児童発達支援」と「放課後等デイサービス」です。

平成24年度から令和2年度の伸びは児童発達支援で3.5倍、放課後等デイサービスで7.8倍となっています。

●児童発達支援の利用者数の推移

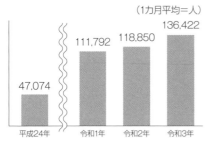

（1カ月平均＝人）

平成24年	令和1年	令和2年	令和3年
47,074	111,792	118,850	136,422

●放課後等デイサービスの利用者数の推移

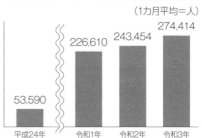

（1カ月平均＝人）

平成24年	令和1年	令和2年	令和3年
53,590	226,610	243,454	274,414

●児童発達支援のしくみ

対象	集団療育および個人療育を行う必要があると認められる主に未就学の障害児
サービスの内容	日常生活の基本的な動作の指導、知識技能の付与、集団生活への適応訓練、その他必要な支援を通所によって行う

●放課後等デイサービスのしくみ

A特別支援学校　D特別支援学校

放課後等デイサービス事業所

・放課後利用
・夏休みなどの長期休暇利用（午前・午後クラスなど、プログラムの工夫）
・学校と事業所間の送迎

B小学校　C中学校

提供するサービス

・自立した日常生活を営むために必要な訓練
・創作的活動、作業活動
・地域交流の機会の提供
・余暇の提供
・学校との連携・協働による支援（学校と放課後等デイサービスのサービスの一貫性）

出典：厚生労働省「第6回障害児通所支援に関する検討会」資料より

第2章

わが子が働く年齢になったらどんなサービスがあるか?

就職に不安があるとき 相談できる窓口はありますか?

お子さんに障害があると、どのような仕事なら務まるのか、受け入れてくれる会社はあるのかなど、さまざまな不安があることでしょう。悩みに応じた相談窓口で適した仕事についてアドバイスをもらいましょう。

具体的なプランがないときに 相談の入り口となる窓口

特別支援学校に通う生徒であればその学校の就労支援を受けるのが前提でしょうが、ほかにも障害のある人の就職相談に応じる機関は主に4つあります。

①ハローワーク

求職の登録をしたのち、技能や職業適性、希望職種などに基づき、職業相談や仕事の紹介をしてくれます。

障害者就業・生活支援センター、地域障害者職業センター、就労移行支援事務所、特別支援学校、医療機関などの関係機関で「障害者就労支援チーム」を編成し、就職に向けた準備から職場の定着まで一貫した支援が行われます。

②障害者就業・生活支援センター

仕事をしながら自立した生活が送れるよう、福祉や教育など地域の関係機関と連携して就業と生活の両面での支援をする機関です。

また、必要に応じて、ハローワークや地域障害者職業センターなどの支援を引き継ぐなど、適切な支援機関への案内窓口としての役割を担います。

③市区町村の窓口、民間の相談支援事業者

市区町村によって業務内容は異なりますが、就職に向けて受けられる支援制度に関する情報や、専門機関の紹介など、就職について具体的なプランがない場合などの入り口としても利用できます。

希望する職業があるときは カウンセリングを受けてみる

④地域障害者職業センター

身体障害・知的障害のある人だけでなく、他の機関では支援が難しい精神障害・発達障害・高次脳機能

障害などのある人の支援にも対応が可能です。

カウンセリングを行う専門家がお

り、希望する職業に適合するかなどの相談にも応じます。

就職に向けての主な相談先

ハローワーク

仕事に関する相談や仕事の紹介

- 障害者を対象とした求人の紹介
- 仕事の探し方や履歴書の書き方の説明
- 適職についてのアドバイス
- 職業訓練できるところの案内
- 求人の応募に際し、配慮を必要とする内容を事業主に伝える
- 希望によっては、採用面接に同行する
- 就職が長続きするための支援など

市区町村の窓口　民間の相談支援事業者

障害者相談支援事業

- 福祉サービスに関する情報提供や相談
- 社会生活力を高めるための支援
- 同じような状況にある人同士による課題の解決（ピアカウンセリング）
- 権利擁護のために必要な援助
- 専門機関の紹介　など

※市区町村によって業務内容は異なります

障害者就業・生活支援センター

就労に関するさまざまな相談支援

- 職業準備訓練や職場実習の斡旋など、就職準備の支援
- 求職活動への同行
- 事業主に対して、雇用した障害者の特性などを助言する
- 就労のための日常生活に関する支援（福祉サービスの活用や、医療機関などとの連絡調整、グループホーム居住支援など）
- 生活習慣、健康管理、金銭管理など自己管理に関する助言
- 雇用後の職場訪問や面談
- 雇用後の相談支援　など

地域障害者職業センター

職業カウンセリングや職業評価

- 希望する職業に適応する能力などを評価し、職業リハビリテーション計画を立てる
- センター内で作業体験や職業準備講習、社会生活技能訓練を行い、能力の向上を図る
- 精神障害のある人に対して、医療関係者と連携して専門的で総合的な支援を行う　など

就職活動にプラスになるような訓練をするところはありますか？

障害があっても専門的な知識や技術を身につけることができるように訓練する場があります。訓練する専門科目は地域にある学校などによって異なるので、希望職種がある場合はハローワークに相談してください。

障害の特性を生かした訓練コースが用意されている

ハローワークが窓口となって、専門的な訓練が受けられる場を紹介します。

主に、身体障害、知的障害、高次脳機能障害、難病（膠原病や肝臓病など）のある人を対象にしていますが、それ以外の障害であっても相談できます。

①独立行政法人高齢・障害・求職者雇用支援機構が運営する障害者職業能力開発校（国立職業リハビリテーションセンター）

全国で、埼玉県と岡山県の2校だけですが、先導的な職業訓練を実施することで、障害者職業能力開発校に訓練内容や指導技法などを提供します。

②障害者職業能力開発校

都道府県が運営・設置する学校で、全国に点在しています。

訓練のコースやカリキュラムは、学校によって異なります。

③一般の職業能力開発校

精神障害や発達障害などのある人を対象とした職業訓練コースが設置されています。

④委託訓練

企業、社会福祉法人、ＮＰＯ法人、民間の教育訓練機関などを活用して訓練が行われます。

働きながら訓練できる制度もある

雇用を前提として、6カ月間企業で作業を行う**職場適応訓練**という制度もあります。

実際の職場で働くことで、職場に適応しやすくなることが目的です。

訓練期間が2週間以内の短期職場適応訓練もあり、この間、どちらも訓練手当が支給されます。

就職に向けての主な訓練先

	訓練期間	主な訓練コースやカリキュラム
障害者職業能力開発校（国立職業リハビリテーションセンター）	原則1年	機械製図科、電子機器科、テクニカルオペレーション科、建築設計科、DTP・Web技術科、OAシステム科、経理事務科、OA事務科、職域開発科、職業実務科
障害者職業能力開発校（都道府県が運営・設置）	3カ月〜1年	就業支援科、職域開発科、調理・清掃サービス科、オフィスワーク科、ビジネスアプリ開発科、ビジネス総合事務科、グラフィックDTP科、ものづくり技術科、建築CAD科、製パン科、実務作業科、OA実務科　など
一般の職業能力開発校	6カ月〜1年	販売実務、介護実務、OA事務　など
委託訓練	原則3カ月	知識・技能習得訓練コース、実践能力習得訓練コース、e-ラーニングコース

※訓練コースは障害の種別や学校によって異なる

実際の職場での訓練

	訓練期間	制度について
職場適応訓練	6カ月（重度の障害の場合は1年）	本雇用を前提として、障害者の特性に適した作業を企業に委託して、職場に適応しやすくする制度。訓練中は、受け入れ企業側に委託費が、訓練生には訓練手当が支給される
短期職場適応訓練	2週間以内（重度の障害の場合は4週間）	

障害のある子が就職する場合 どのような方法がありますか？

障害のない人と同じように企業や公的機関と雇用契約を結んで就労する「一般就労」と、福祉サービスや訓練の一環として就労する「福祉的就労」があります。

障害のある人の就労の場は 今後も増加する見込み

民間企業や公的機関などで働く障害のある人は、ここ10年で約1.7倍に増加しています。

さらに、「障害者の雇用の促進等に関する法律（障害者雇用促進法）」の改正により、2024年4月から障害者の法定雇用率が引き上げられました。

法定雇用率とは、所定の従業員数以上の民間企業や国、地方自治体に対して、所定の割合で障害者を雇用する義務があることを定めた障害者雇用率制度に則るものです。民間企業の場合、2021年3月に従来の2.2％から2.3％に引き上げられ、さらに法定雇用率は改正され2024年4月1日から0.2％引き上げられました。

また、法定雇用率が適応となる民間企業の従業員数が、2021年3月より2024年3月まで43.5人以上の企業が対象となっていましたが、2024年4月からは従業員数が40.0人以上の企業が対象となります。さらに、2026年7月からは従業員数37.5人以上の事業者が対象となるなど、適応企業の枠が広がります。

障害のある人の相談窓口となる 障害者職業生活相談員

障害のある人が5人以上働く事業所では、厚生労働省が定める資格をもった従業員のなかから、**障害者職業生活相談員**を配置することが義務付けられています。

障害者職業生活相談員の役割は、障害者の職業全般において相談や指導にあたることで、障害者に適した仕事の選定や能力向上のための職務、職場の環境整備や労働条件、人間関係などについても対応します。

段階的に引き上げられる法定雇用率

①障害者の法定雇用率

事業主区分	法定雇用率	
	2024年4月1日以降	2026年7月1日以降
民間企業	2.5%	2.7%
国、地方公共団体など	2.8%	3.0%
都道府県などの教育委員会	2.7%	2.9%

②法定雇用率が適用となる民間企業

2024年4月1日以降	2026年7月1日以降
従業員数40.0人以上の企業	従業員数37.5人以上

障害者雇用のルール

①雇用に関する差別を禁止する

〈募集・採用時〉

・障害者だからという理由や、仕事に必要ない条件をつけて排除しない

〈採用後〉

・労働能力を適正に判断せずに、賃金、配置、昇進などで、障害のない人と異なる扱いをしない

③相談体制の整備・苦情処理・紛争解決の援助

・窓口などを設置して、障害者からの相談に応じる

・障害者からの苦情を解決する努力をする

②合理的な配慮をする

〈募集・採用時〉

・視覚障害のある人に対して、点字や音声などで採用試験を行う

・聴覚障害、言語障害のある人に対して、筆談などで面接を行う

〈採用後〉

・肢体不自由がある人に対して、机の高さを調節するなどの工夫をする

・知的障害のある人に対して、図などを活用した業務マニュアルを作成したり、作業手順をわかりやすく示す

・精神障害のある人に対して、出退勤時刻・休暇・休憩・通院・体調などに配慮する

障害のある人を雇用する特例子会社とはどのような会社ですか?

特例子会社は、親会社が障害者雇用促進法の法定雇用率を達成するために設立した会社です。障害のある人が安全で快適に仕事ができるように職場の環境が整備されており、適した職務が用意されています。

障害のある人のための特例子会社

特例子会社は、障害のある人の雇用の促進と安定を図ることを目的に、民間企業が法定雇用率を達成するための特例措置として設立が認められた子会社です。

所定の要件を満たす子会社で障害のある人を雇用することで、その従業員数を親会社の従業員数と合算し、法定雇用率を達成したとみなします（特例子会社制度）。

この制度は、親会社の関係会社の子会社の場合にも適用されます（関係会社特例）。また、複数の中小企業が、事業協同組合などを活用して共同で障害のある人を雇用する場合にも特例措置がとられます（事業協同組合等算定特例）。

特例子会社の業種は、親会社の周辺業務であることが多いようです。

2012年に公開された「多様化する特例子会社の経営・雇用管理の現状及び課題の把握・分析に関する調査」によれば、特例子会社の業種はサービス業と製造業が約80%を占めています。

こうした業種のなかでも、障害のある人は、事務や運搬・清掃・包装、製造工程、サービス業などに従事しています。

職場環境が整っているのが最大のメリット

特例子会社は、いわば障害のある人たちのためにつくられた会社であるため、施設や設備においても働きやすい環境が整備されています。

また、障害に配慮した短時間勤務や通院などのための休暇、定期的な面談や相談、能力向上のための指導など、社内での支援体制が整っているというメリットもあります。

特例子会社で働くメリット

快適な職場環境

・バリアフリーなど障害者に配慮した設備
・短時間勤務やフレックスタイム、通院のための休暇など、勤務時間が柔軟に決められる

障害のある人に適した仕事の選定

・障害の特性に合わせた仕事が選定されるので業務に無理がない

整備された支援体制

・業務についての支援や指導を行うスタッフが配置されている
・定期的な面談や相談が行われる

障害のある人同士の仲間意識

・障害があることによる疎外感がなく、互いに助け合える

特例子会社の雇用状況

特例子会社数		562社
特例子会社で働く障害者数		41,718人
身体障害者	重度	4,693人
	重度の短時間労働者	112人
	重度以外	2,318人
	重度以外の短時間労働者	50人
知的障害者	重度	6,046人
	重度の短時間労働者	75人
	重度以外	9,798人
	重度以外の短時間労働者	112人
精神障害者	精神障害者	7,592人
	精神障害者で短時間労働者	367人

➡ **身体障害者の重度**
等級が1、2級、または3級で重複障害

➡ **知的障害の重度**
療育手帳がA判定、または児童相談所や法律に規定された機関で判定されている者

※厚生労働省「令和3年障害者雇用状況の集計結果」より

一般就労をめざしているのですが何か支援サービスはありますか？

障害者総合支援法による「就労移行支援」というサービスがあります。サービスを提供する就労移行支援事業所や企業に通いながら、就職のための訓練を行ったり、職場探しをサポートしてもらいます。

就職のための訓練から就職後まで支援するサービス

就労移行支援は、一般企業などへの就職や、在宅での仕事を希望する障害のある人のために、就職活動を支援するサービスです。

サービスの基本的な内容は、以下の通りです。

①サービスを提供する就労移行支援事業所内や企業で作業や実習を行い、職場で必要な知識や能力向上のための訓練を受ける。

②求職活動に関する支援を受ける。

③障害の特性に応じた職場を開拓してもらう。

④就職後、職場に定着できるように、相談などの支援を受ける。

サービスの利用期間は、原則2年以内ですが、市区町村審査会の個別審査により必要性が認められた場合は、最大1年間の更新が可能です。

また、これまで65歳未満が対象でしたが、平成30年4月より、所定の要件を満たせば65歳以上でも利用可能となりました。

具体的なサービス内容は事業所によってさまざま

基本的なサービス内容は定められていますが、事業所によって細かな内容は異なります。

利用を決める前に事業所を見学して、具体的にどのようなプログラムを行っているのか確認してみましょう。通所することになるので、事業所内の雰囲気も大切です。

また、どのような障害のある利用者が何人くらい通っているか、これまでの利用者がどのような企業に就職したかなど、現状と過去の実績などの情報を得たうえで利用を決めたほうが安心でしょう。

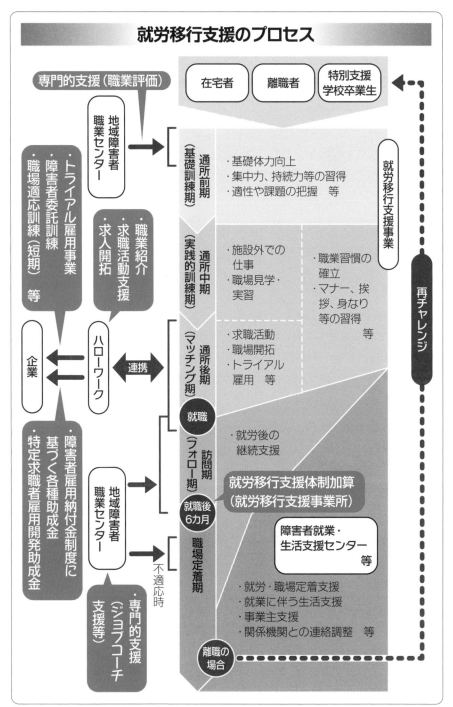

就労移行支援のプロセス

専門的支援（職業評価）

在宅者　離職者　特別支援学校卒業生

地域障害者職業センター

就労移行支援事業

通所前期（基礎訓練期）
・基礎体力向上
・集中力、持続力等の習得
・適性や課題の把握　等

・職業紹介
・求職活動支援
・求人開拓

・トライアル雇用事業
・障害者委託訓練
・職場適応訓練（短期）
等

通所中期（実践的訓練期）
・施設外での仕事
・職場見学・実習

・職業習慣の確立
・マナー、挨拶、身なり等の習得
等

ハローワーク　連携

企業

通所後期（マッチング期）
・求職活動
・職場開拓
・トライアル雇用　等

再チャレンジ

就職

訪問期（フォロー期）
・就労後の継続支援

地域障害者職業センター

・障害者雇用納付金制度に基づく各種助成金
・特定求職者雇用開発助成金

就職後6カ月

就労移行支援体制加算
（就労移行支援事業所）

障害者就業・生活支援センター　等

職場定着期

・専門的支援（ジョブコーチ支援等）

不適応時

・就労・職場定着支援
・就業に伴う生活支援
・事業主支援
・関係機関との連絡調整　等

離職の場合

※厚生労働省「社会保障審議会障害者部会　第30回資料」をもとに作成

49

就労移行支援の利用期間が過ぎても支援サービスは受けられますか?

就労移行支援の期間内に就職が決まらなかった場合などには、就労継続支援のサービスを受けることができます。A型とB型の2種類があり、対象者が決まっているので、該当するサービスを受けましょう。

就労継続支援A型とB型の働き方

就労継続支援は、事業所で働きながらそのほかの就労に必要な知識や能力の向上を図るための支援です。

いわゆる福祉的就労で、支援を受ける人は、労働者・訓練生であり、かつ福祉サービスの利用者でもあります。このサービスには、A型とB型の2種類があります。

①就労継続支援A型

主に、就労移行支援の利用期間中や、特別支援学校の卒業後に就職が決まらなかった人が対象です。

B型との大きな違いは、事業所と雇用契約を結んで働くことです。雇用契約を結ぶため最低賃金以上の給料が保障されますが、決められた仕事をこなすだけの能力も必要とされます。

勤務の仕方は事業所によって異なりますが、だいたい1日4〜8時間労働のところが多いようです。仕事の内容も事業所によって異なり、部品の組み立てや、パソコンを使ったデータ入力、飲食店のスタッフなどがあります。

②就労継続支援B型

年齢や体力、障害の程度などの理由で、雇用契約を結んでの仕事が難しい人が対象です。

雇用契約を結んでいないため、体調に合わせて比較的自由に勤務することができます。1日1時間だけの勤務や1週間に数日だけの勤務など、フルタイムでは働けないが、少しでも働きたいという人も利用できます。

クリーニングや清掃、製菓、農作業など仕事は多岐にわたっており、事業所によって作業が異なります。A型もB型も利用期限はないため、実質的な就職先となることもあります。

就労継続支援A型と就労継続支援B型の違いと現状

	就労継続支援A型	就労継続支援B型
支援内容	一般就労は難しいが、雇用契約による就労が可能な場合に、働きながら支援を受ける	一般就労が難しく、雇用契約に基づく就労も難しい場合に、働きながら支援を受ける
対象者	①就労移行支援を受けたが、企業などの雇用に結びつかなかった人 ②特別支援学校を卒業して就職活動を行ったが、企業などの雇用に結びつかなかった人 ③就労経験はあるが、現在、企業などに雇用されていない人 ※65歳以上でも所定の要件を満たせば利用可能（平成30年4月より）	①就労経験はあるが、年齢や体力的な面で一般企業で働くことが難しくなった人 ②50歳に達している人 ③障害基礎年金1級を受給している人 ④就労移行支援事業所などの評価によって、働くことに課題があると判断された人
雇用契約	あり	なし
利用期間	なし	なし
平均工賃（賃金）（※1）	81,645円（月額）（対前年比　102.5%）	16,507円（月額）（対前年比　104.6%）
施設数（※1）	4,010カ所	14,393カ所
利用者数	7.2万人	26.9万人

（※1）厚生労働省「令和3年度工賃（賃金）の実績について」より

企業などに就職したあとに受けられる支援サービスはありますか？

一般就労に移行したあと、それまでの生活が一変して、体調管理が難しくなったり、職場に戸惑ったりする人も多いようです。そのような人たちが職場を辞めずにすむように、就労定着支援事業が新設されました。

企業などで長く働けるように支援する就労定着支援

障害のある人の就業が増加しているいっぽうで、長く働き続けることができない人も大勢います。

障害者職業総合センターの調べでは、就職後3カ月の定着率は76.5％、1年後には58.4％にまで下がってしまいます。主な離職理由は、障害や症状が悪化したというだけでなく、業務を遂行するうえで課題がある、労働条件が合わない、人間関係の悪化など、自己管理だけの問題ではないことが明らかになっています。

そこで、平成30年より新たな支援事業として設けられたのが、**就労定着支援**です。

環境の変化などによる課題の解決について支援するサービス

就労定着支援は、一般就労した障害のある人に対して、事業所や医療機関などの関係機関と連携を図り、雇用によって生じた職場や生活での問題について相談、指導、助言などを行うサービスです。

月1回以上は障害のある人と面談・助言を行う支援方法で、月1回以上、職場を訪問して関係各所との調整を図るよう努力することが義務付けられています。

対象となるのは、生活介護や自立訓練、就労移行支援、就労継続支援A型・B型を利用して一般就労した障害のある人で、就職後に生活面や就業面で環境の変化による課題が生じた人です。

利用期間の上限は3年間ですが、その間に課題が解決されない場合は、必要に応じて障害者就業・生活支援センターなどへ引き継ぐこともあります。

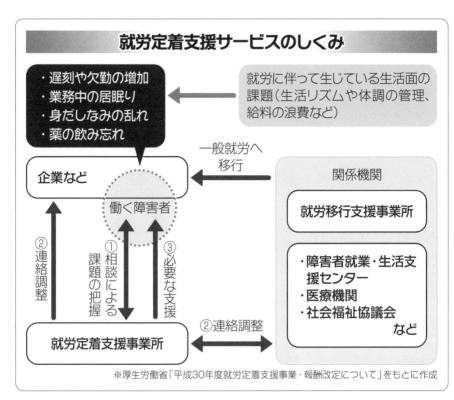

就労定着支援サービスのしくみ

・遅刻や欠勤の増加
・業務中の居眠り
・身だしなみの乱れ
・薬の飲み忘れ

就労に伴って生じている生活面の課題（生活リズムや体調の管理、給料の浪費など）

企業など

働く障害者

一般就労へ移行

関係機関

就労移行支援事業所

・障害者就業・生活支援センター
・医療機関
・社会福祉協議会　など

②連絡調整

①相談による課題の把握

③必要な支援

就労定着支援事業所

②連絡調整

※厚生労働省「平成30年度就労定着支援事業・報酬改定について」をもとに作成

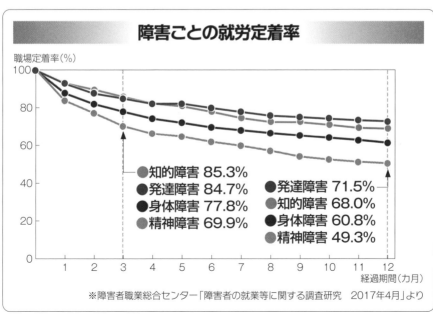

障害ごとの就労定着率

職場定着率（%）

●知的障害 85.3%
●発達障害 84.7%
●身体障害 77.8%
●精神障害 69.9%

●発達障害 71.5%
●知的障害 68.0%
●身体障害 60.8%
●精神障害 49.3%

経過期間（カ月）

※障害者職業総合センター「障害者の就業等に関する調査研究　2017年4月」より

就労定着支援の対象外の人でも就職後に支援してくれますか？

地域障害者職業センターが行っている職場適応援助者（ジョブコーチ）は、障害のある人が職場にうまく適応できるように、本人だけでなく家族や職場に対しても助言をしてくれます。

企業側への助言がさらに利用者を働きやすくする

ジョブコーチは、障害のある人が職場に適応できるように支援するしくみで、3つのタイプがあります。

①配置型

地域障害者職業センターに所属するジョブコーチが、職場に出向いて支援を行う。

②訪問型

就労支援を行っている社会福祉法人などに所属しているジョブコーチが、職場に出向いて支援を行う。

③企業在籍型

同じ職場の従業員がジョブコーチ養成研修を受けて、障害のある人を支援する。

①・②のジョブコーチは、障害者に対しては、雇用初日に企業に同行したり、職場での不安などについて相談にのり、指導担当者との関係が構築されるまで橋渡しをします。

また企業に対しては、障害のある人の特性を踏まえた指導の仕方や改善策について助言します。障害のある人との接し方を、指導担当者以外の人たちにも理解してもらうための支援も行っています。

個別の状況に合わせて行われる医療機関と連携した支援

支援期間は標準2～4カ月ですが、個別の状況に合わせて、1～8カ月の設定が可能で、支援期間後も数週間～数カ月に1度は職場を訪問して利用者のサポートをします。

また、支援するにあたり、主治医から細かな症状や就業に際しての留意事項など専門的な助言を得るいっぽうで、就業状況などを随時医療機関にフィードバックします。

ジョブコーチの支援のしくみ

障害のある人

・業務遂行するための能力の向上の支援
・職場内でのコミュニケーション能力の向上支援
・健康管理や生活リズムを整えるための支援

障害のある人の家族

・安定した職業生活をおくるための家族のかかわり方に関する助言

ジョブコーチ

事業主（管理監督者・人事担当者）

・障害の特性に配慮した雇用管理に関する助言
・配置や職務内容の設定に関する助言

利用者の上司や同僚

・障害の理解に関する社内の啓蒙
・障害者とのかかわり方に関する助言
・指導方法に関する助言

ジョブコーチの標準的な支援の流れ

支援期間（標準2〜4カ月）

集中支援　週3〜4日訪問
職場に適応するうえでの課題を分析して、集中的に改善を図る

移行支援　週1〜2日訪問
支援ノウハウの伝授や、キーパーソンの育成により、徐々に職場の人たちだけで支援できるようにする

フォローアップ

数週間〜数カ月に1度訪問する

55

在宅でできる仕事を探すときは どのような方法がありますか？

一般就労のようにハローワークで在宅の仕事を紹介してくれるほか、在宅就業支援制度を利用して、仲介してくれる支援団体を通じて仕事を請け負う方法もあります。

在宅就業支援団体を仲介して 自宅などで働く方法

在宅就業支援制度は、障害のある人が自宅などで仕事をする機会を確保することを目的として作られた制度です。

国に登録した在宅就業支援団体が、企業から受注した仕事を、在宅で仕事をしている障害のある人に振り分けます。仕事が終わったら、発注した団体に納品してチェックを受けるしくみです。

対象となるのは、身体障害、知的障害、精神障害（精神障害者保健福祉手帳所持者）のある人で、企業に雇用されている人は除外されます。

また、自宅でなくても、就労移行支援事務所や所定の要件を満たす就労継続支援B型事業所、地域活動支援センター、小規模作業所などでの作業も対象となります。

多くがパソコンを使う仕事だが 訓練の支援もしてくれる

対象となる仕事にとくに制限はありませんが、ホームページの作成・更新や各種データの入力など、多くはパソコンを活用した業務です。

作業に不安のある人には、通所や週に1回程度の訪問、e-ラーニングなどでの訓練も行っています。ただし、在宅就業支援団体によって受講方法が異なります。居住する地域に支援団体がない場合は、障害者ITサポートセンターに連絡しましょう。パソコンを活用するうえでの相談に応じたり、パソコンのボランティアを派遣してくれたりします。

訓練の内容は、ワープロや表計算、プログラム、デザインやDTP、CADなどの技能訓練ですが、ビジネスマナーやコミュニケーションの講習を行っているところもあります。

在宅での働き方

①在宅勤務（企業に雇われて在宅で働く）

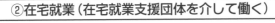

障害のある人 ◄ 雇用関係 ► 企業

ハローワーク

求職　求人

支援　支援

紹介　紹介

相談　相談

障害者支援団体

②在宅就業（在宅就業支援団体を介して働く）

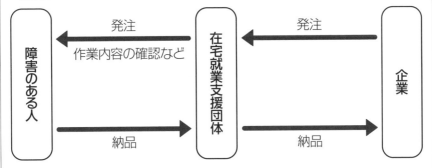

障害のある人

在宅就業支援団体

企業

発注　発注

作業内容の確認など

納品　納品

●在宅でできる仕事の例

・ホームページの作成、更新
・ホームページの運営、管理
・Webサイト制作のための素材作成
・ホームページのプログラミング
・システム関係のプログラム開発
・インターネットでの情報検索や集計
・モニター業務
・CADによる図面作図
・住宅間取図作成

・伝票、書類作成
・各種データ入力
・データ集計、分析
・取扱説明書の作成、レイアウト編集
・製品のデザイン画作成
・ビデオやDVDの編集
・点字名刺の作製、発送
・ノベルティー作製、サンプル封入、折込み作業

「障害者基本法」の概要

　障害者に関する法律や制度について、支援や差別解消などの具体的な施策の基本的な理念となっているのが「障害者基本法」です。昭和45年（1970年）に「障害者対策基本法」として法制化され平成5年（1993年）に一部改正・改題され「障害者基本法」として成立しました。

　法律の概要は表の通りですが、障害のある子をもつ親にとって、とても重要な考え方でもあるので、ポイントとなる一部を紹介します。

●障害者基本法（昭和45年5月21日法律第八十四号）

第一章　総則

第一条（目的）
　この法律は、**全ての国民が、障害の有無にかかわらず、等しく基本的人権を享有するかけがえのない個人として尊重されるものである**との理念にのっとり、全ての国民が、障害の有無によって分け隔てられることなく、相互に人格と個性を尊重し合いながら共生する社会を実現するため、障害者の自立及び社会参加の支援等のための施策に関し、基本原則を定め、及び国、地方公共団体等の責務を明らかにするとともに、障害者の自立及び社会参加の支援等のための施策の基本となる事項を定めること等により、障害者の自立及び社会参加の支援等のための施策を総合的かつ計画的に推進することを目的とする。

第二条（定義）
　この法律において、次の各号に掲げる用語の意義は、それぞれ当該各号に定めるところによる。
1　障害者　**身体障害、知的障害、精神障害（発達障害を含む。）その他の**心身の機能の障害（以下「障害」と総称する。）がある者であって、障害及び社会的障壁により継続的に日常生活又は社会生活に相当な制限を受ける状態にあるものをいう。
2　社会的障壁　障害がある者にとって日常生活又は社会生活を営む上で障壁となるような社会における事物、制度、慣行、観念その他一切のものをいう。

第三条（地域社会における共生等）
　第一条に規定する社会の実現は、全ての障害者が、障害者でない者と等しく、**基本的人権を享有する個人としてその尊厳が重んぜられ、その尊厳にふさわしい生活を保障される権利を有する**ことを前提としつつ
（以下略）

第四条（差別の禁止）
　何人（なんぴと）も、障害者に対して、障害を理由として、差別することその他の権利利益を侵害する行為をしてはならない。
（以下略）

（最終改正：平成25年6月26日法律第六十五号）

第3章

障害者手帳
によるサービスの種類と受け方

必要なら障害者手帳の取得をためらわないで

将来、わが子が生きやすくなるために、さまざまな公的支援が受けられる「障害者手帳」を取得しましょう。「障害」という言葉にためらう人もいるでしょうが、わが子のために前向きに考えましょう。

障害者手帳には3つの種類がある

わが国には、障害児・者の生きづらさを緩和し、いきいきとした暮らしを支援してくれる障害者福祉制度があります。その制度を利用するために一定のハンディキャップがあることを証明するのが「障害者手帳」制度です。数字、またはアルファベットで障害の程度を表していて、数字またはアルファベットの若いほうが障害の程度は重くなっています。

手帳を取得すると、わが子の特性に合わせた教育機関や就職の選択肢の幅が広がったり、各種の手当や割引・税金の控除など経済面での支援を受けることができるメリットがあります。

障害者手帳は身体・知的・精神の障害ごとに3つに分かれ、申請によってそれぞれの手帳を取得すること

ができます。障害が重複する場合は、複数の手帳を取得することができます。申請方法は障害によって違いますが、それぞれの判定機関によって審議され交付が決定します。交付されるのは、身体障害では「**身体障害者手帳**」、知的障害では「**療育手帳**」、精神の場合は「**精神障害者保健福祉手帳**」です。

デメリットはなくメリットが多い障害者手帳

わが子の障害がわかったとき、親はそれぞれに葛藤があるかもしれませんが、一定期間が過ぎるとわが子の将来のために、親としてどのようなことをしたらいいか、前向きに考えるようになるのが一般的です。肢体不自由などの身体障害やダウン症などの知的障害の子の場合は早くから障害がわかるので、専門職からアドバイスを受けて手帳の申請をする

ケースが多いでしょう。

　ただ、知的な遅れの目立たない発達障害の子などの場合、親が障害を認められず、手帳を申請しなかったり、遅れたりすることも少なくありません。障害者手帳が将来わが子の不利益になるのではと心配する親も多いようです。しかし、手帳を取得することで、不利益になることはありません。一度、手帳を取得しても、とくに必要でなければ返すことができますし、手帳を取得していることを履歴書などに記載する義務もあり

ません。

　逆に、手帳をもっているメリットは少なくありません。子どもの成長とともに必要となる「教育」「就労支援」の分野でも、サービスを受けるのに手帳の取得が条件になる場面が多いのです。さらに手帳を取得していることで各種の公的手当や税金の控除・減免などを受けることもできます。

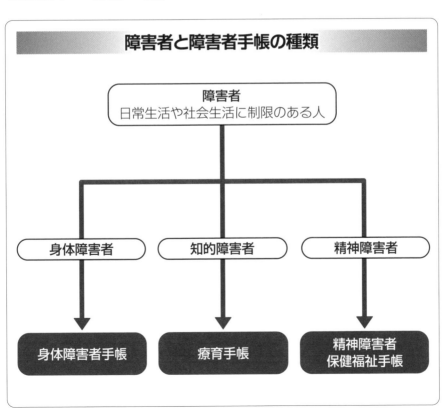

障害者と障害者手帳の種類

障害者
日常生活や社会生活に制限のある人

身体障害者	知的障害者	精神障害者
身体障害者手帳	療育手帳	精神障害者保健福祉手帳

身体障害児・者は
身体障害者手帳を申請

視覚障害や肢体不自由、内部疾患など身体に障害のある子には、身体障害者福祉法に基づき身体障害者手帳が交付されます。申請は市区町村の窓口で行い、申請後1カ月をめやすに交付されます。

身体障害者手帳とは?

「身体障害者手帳」は、身体(内部疾患を含む)に障害のある人が身体障害者福祉法に定める障害に該当すると認められた場合に、本人（15歳未満の場合は保護者）の申請に基づいて交付されます。各種の福祉サービスを受けるために必要な証明書となります。障害の程度によって1級から7級に分かれています。ただし、7級は障害が1つあるだけでは手帳の交付対象にならず、2つ以上重複すれば6級以上の障害と認定され交付の対象になります。

障害がわかったら、
医師の助言を受けて申請を

身体障害の場合は、親が早く障害を認めることができたり、定期健診などで医師から診断されることが多くあります。

障害がはっきりしたら、医師のアドバイスを受け、障害者手帳の申請を行いましょう。ただし、身体障害者手帳は、障害が一時的なものではなく、永続的な状態であることを前

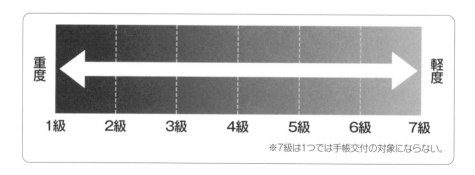

※7級は1つでは手帳交付の対象にならない。

提にしているので、乳幼児期は認められないことがあります。その点も医師や保健所のソーシャルワーカーなどと相談し、申請の時期を考えましょう。障害者手帳の制度は子どもや家族にとってメリットの大きい制度なので、積極的に利用しましょう。

手帳の交付対象となる障害

身体障害者福祉法に定められている、手帳の交付の対象となる障害は右の表のようなものです。いずれも一定以上で永続することが要件とされます。

視覚障害や聴覚障害、肢体不自由などの障害のほか、心臓病やがんなどの病気によって日常生活や社会生活に支障がある場合も手帳の交付対象になります。

●手帳の交付対象となる障害

視覚障害
聴覚または平衡機能の障害
音声機能、言語機能またはそしゃく機能の障害
肢体不自由
心臓、じん臓または呼吸器の機能の障害
ぼうこうまたは直腸の機能の障害
小腸の機能の障害
ヒト免疫不全ウイルスによる免疫の機能の障害
肝臓の機能の障害

手帳申請の手順

身体障害者手帳は、市区町村の窓口に行って申請します。まず窓口に用意された「**交付申請書**」と専用の「**診断書**」の用紙を取得します。

交付申請書は、簡単に書ける書類である市区町村がほとんどで、本人あるいは代理人（15歳未満は保護者）が記入しますが、診断書は都道府県が指定した「**指定医**」に書いてもらいます。診断書については法律に定められたことなので、かかりつけ医がいても、指定医でなければ診断書を書いてもらうことはできません。

障害者手帳を申請するための診断書料は、助成してくれる市区町村もあるので窓口で相談しましょう。

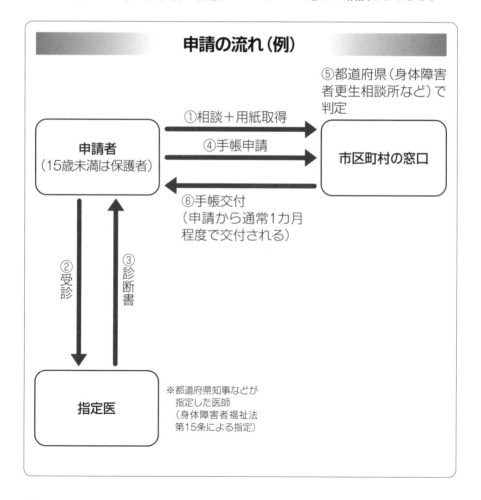

申請の流れ（例）

⑤都道府県（身体障害者更生相談所など）で判定

申請者
（15歳未満は保護者）

①相談＋用紙取得
④手帳申請

市区町村の窓口

⑥手帳交付
（申請から通常1カ月程度で交付される）

②受診
③診断書

指定医

※都道府県知事などが指定した医師
（身体障害者福祉法第15条による指定）

申請時に必要なもの

①交付申請書（市区町村の窓口に用意されたもの）

②指定医が作成した診断書（所定の様式のもの）

※診断書の有効期限は自治体によって違う（例＝埼玉県・群馬県内の市区町村3カ月、東京都内の市区町村1年など）ので、担当窓口に確認を。

③印鑑（認め印）

④本人の顔写真（タテ4cm×ヨコ3cm）

※撮影から1年以内のもので、脱帽。ポラロイド写真や普通紙に印刷した写真は使用不可。

⑤委任状（保護者が記入）※本人が15歳未満の場合

⑥本人のマイナンバーがわかる書類

・本人の個人番号カード（写し可）

・番号通知カード（写し可）

・住民票の写し（番号記載）

いずれかの書類

⑦保護者の身分証明書 ※本人が15歳未満の場合

※市区町村によって申請時に必要なものは違うので、あらかじめ窓口かホームページで確認してください。

障害によっては再認定を受ける必要がある

　医療の進歩や機能回復訓練の実施、または成長などによって、障害の程度が変化することが考えられます。そのため、交付する際に将来、障害程度に変化が予想される場合は再認定の期日（手帳交付時から1～5年）が指定されます。期日が迫ってきたら書面で通知されるので、指定医の診断を受けて診断書を再提出しなければいけません。再認定が必要な障害の場合は期日が障害者手帳に記されます。

知的障害児・者は
療育手帳を申請

わが子に知的障害が見られ、将来生活に支障が出るように感じられたら医師のアドバイスを受け、「療育手帳」を申請しましょう。子どもの場合、決められた年齢や障害の程度に変化があった場合などに更新が必要です。

知的障害児・者に交付される「療育手帳」

「療育手帳」とは、知的障害児・者が、各種の障害福祉サービスを利用するときに必要となる手帳です。

療育手帳の申請は市区町村の窓口で行います。18歳未満の場合は「児童相談所」、18歳以上の場合は「知的障害者更生相談所」で障害の程度等の判定を受け、その結果に基づき、都道府県知事（政令指定都市の場合はその市長）から交付されます。

身体障害・精神障害者の手帳はそれぞれの法律を根拠にして交付されますが、知的障害者の「療育手帳制度」は当時の厚生省が示したガイドラインに基づき、各都道府県などが実施要綱を定めたものなので、各都道府県などによって、手帳の名称あるいは、障害の等級や判定基準が違

います。18歳未満に発症し知能指数（IQ）がおおむね70以下が交付基準のめやすになります。

わが子に知的な遅れが見られたら市区町村の窓口に相談を

染色体異常を原因とするダウン症や発達障害などによって、乳幼児から知的な遅れが顕著な子をもつ親は、わが子の自立を図るために早い時期

に「療育手帳」の申請を検討しましょう。

身体障害の場合と違い、申請時に医師の意見書などは不要なので、まず市区町村の障害福祉の窓口に相談に行きましょう。18歳未満の場合は児童相談所が判定機関になります。心理判定員や小児科医が子どもの様子を観察し、知能テスト（IQが測れる場合）などを行ったうえで、障害の程度や手帳交付の必要性の有無を総合的に判定します。

数年ごとに再判定が必要

療育手帳は各都道府県によって運用のしかたが若干違いますが、知的障害は成長にしたがって障害の程度が変わる可能性があるので再判定が必要になります。2〜5年ごとに再判定をする自治体が多く、東京都のように3歳・6歳・12歳・18歳のときや、障害の程度に変化があったときに行うと時期を決めている自治体もあります。

障害の程度と交付の判定基準

厚生労働省の「療育手帳制度の概要」の資料では、重度（A）とそれ以外の（B）に区分され重度の基準は次の通りです。

●重度（A）の基準
①知能指数がおおむね35以下であって、次のいずれかに該当する者
○食事、着脱衣、排便及び洗面等

●東京都の場合（愛の手帳）の判定のめやす

1度	最重度（知能指数はおおむね19以下）
2度	重度（知能指数はおおむね20〜34）
3度	中度（知能指数はおおむね35〜49）
4度	軽度（知能指数はおおむね50〜75）

●埼玉県の場合（療育手帳）

日常生活の介助を必要とする。

○異食、興奮などの問題行動を有する。

②知能指数がおおむね５０以下であって、盲、ろうあ、肢体不自由等を有する者

それ以外（Ｂ）は重度（Ａ）の者以外の人が対象になります。

ただし、障害の程度（等級）は各都道府県で違い、国の基準に沿って重度とそれ以外のＡ・Ｂの２等級を採用しているところもありますし、３段階・４段階、あるいはそれ以上の等級で判定している自治体もあります。東京都の場合は「愛の手帳」という名称で、アルファベットではなく、数字を用いて１度～４度の４段階

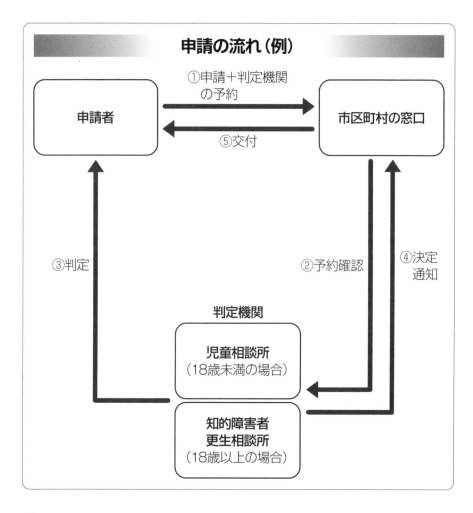

申請の流れ（例）

申請者 → ①申請＋判定機関の予約 → 市区町村の窓口

市区町村の窓口 → ⑤交付 → 申請者

③判定

②予約確認

④決定通知

判定機関

児童相談所
（18歳未満の場合）

知的障害者更生相談所
（18歳以上の場合）

に区分しています。埼玉県の場合は重度のⒶから軽度のCの4段階となっています。

障害者手帳を申請するために診断書が必要な場合は、診断書料金を助成してくれる市区町村もあるので窓口で相談しましょう。

手帳申請の手順

都道府県や政令指定都市によって申請の手順が違うので、市区町村の障害福祉の窓口に相談してから申請しましょう。

申請者が18歳未満の場合の判定は児童相談所で行い、18歳以上の場合は知的障害者更生相談所（障害者福祉センター、障害者相談センターなど）が行います。

自治体によって、窓口に行けばその場で申請を受け付け、相談所に申請書を送付してくれるところもありますし、最初に直接相談所で判定を受け、その結果を持って障害福祉の窓口に申請するところもあります。

また、本人または保護者の住所・氏名、保護者の変更などがあったとき、死亡または転出・転入の場合は届出が必要です。

手帳を紛失・破損したときは再発行の手続きが可能です。

申請時に必要なもの

①交付申請書（福祉担当窓口に用意されたもの）

②印鑑（認め）

③本人の顔写真（タテ4cm×ヨコ3cm）

※撮影から1年以内のもので、脱帽。ポラロイド写真や普通紙に印刷した写真は使用不可。

④その他　母子手帳・幼少期の様子がわかる資料（18歳以上の場合）

※「その他」は自治体によって異なるので、あらかじめ窓口で確認してください。

発達障害の子は知的・精神いずれかの手帳を申請

不注意や言葉の発達の遅れ、コミュニケーション障害の傾向がある子は「発達障害」の可能性があります。発達障害者支援法などにより、知的・精神などの障害があれば、障害者手帳が交付されます。

発達障害者は知的・精神のいずれかの手帳を申請

発達障害者に対して独自の手帳制度はありません。そのため自閉症などで知的な遅れがある場合は、「療育手帳」を申請できますが、知的な遅れの目立たない子は療育手帳を取得できない、という現実がありました。

しかし、2005年4月に施行された発達障害支援法により、これまで制度の谷間にあって必要な支援が届きにくかった「発達障害」の人も各種の支援の対象になりました。障害者手帳を希望すれば、知的な障害の

ある人は「療育手帳」を取得でき、知的な障害の目立たない人は交付基準に該当すれば「**精神障害者保健福祉手帳**」を取得することができるように手帳制度が整備されています。また、自治体によっては、「自閉症特例」として基準以上のIQがあっても療育手帳を取得できるところもあります。

障害の程度と交付の判定基準

精神障害者保健福祉手帳の等級は3段階あり、利用できるサービスの内容が違ってきます。

1級 自立しての生活が困難。他の

●精神障害の障害の程度と交付の判定基準

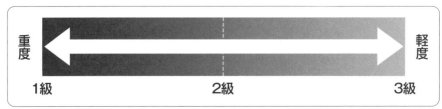

重度 ←――――――――→ 軽度

1級　　　　　　2級　　　　　　3級

人の手を借りながらでなければ日常生活が送れない。

2級 常に人の手を借りなければならないほどではないが、日常生活が困難な状態。

3級 障害は軽度だが、日常生活や社会生活で何らかの制限を受けている。

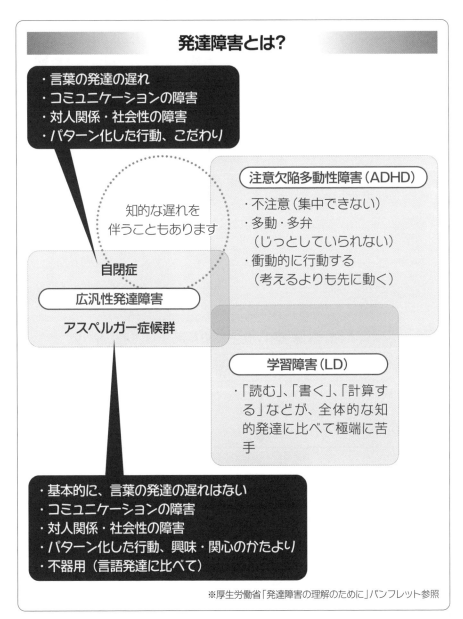

発達障害とは?

・言葉の発達の遅れ
・コミュニケーションの障害
・対人関係・社会性の障害
・パターン化した行動、こだわり

知的な遅れを
伴うこともあります

自閉症

広汎性発達障害

アスペルガー症候群

注意欠陥多動性障害(ADHD)

・不注意(集中できない)
・多動・多弁
  (じっとしていられない)
・衝動的に行動する
  (考えるよりも先に動く)

学習障害(LD)

・「読む」、「書く」、「計算する」などが、全体的な知的発達に比べて極端に苦手

・基本的に、言葉の発達の遅れはない
・コミュニケーションの障害
・対人関係・社会性の障害
・パターン化した行動、興味・関心のかたより
・不器用(言語発達に比べて)

※厚生労働省「発達障害の理解のために」パンフレット参照

精神障害者保健福祉手帳の申請の手順

精神障害者保健福祉手帳は、いま住む市区町村の窓口を経由して、都道府県知事（政令指定都市の場合は市長）に申請します。手帳の**有効期限は交付日から2年が経過する日の属する月の末日**となっていて、2年ごとに、障害等級に定める精神障害の状態にあることについて、都道府県知事（政令指定都市の場合は市長）の認定を受けなければなりません。

申請の手順は市区町村の担当窓口（保健予防課など市区町村によって違うので事前の確認を）で、「交付申請書」「所定の診断書用紙」を受け取ります。かかりつけ医に診断書を作成してもらい、担当窓口に申請します。**診断書は初診日（対象の疾患で初めて診察を受けた日）から6カ月経過した日以降のもの**でなければいけません。障害年金を受給している人であれば診断書の代わりに「障害年金の関連書類」でも、申請が可能です。

発達障害支援センターで総合的な支援を行う

発達障害者はどのような支援を受けられるのか、まだよく理解されていないことから、各地域に支援センターが設置されています。専門的な

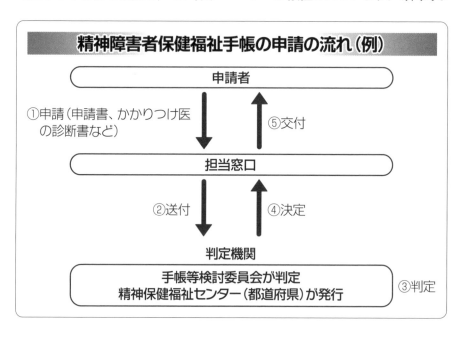

精神障害者保健福祉手帳の申請の流れ（例）

申請者

①申請（申請書、かかりつけ医の診断書など）

⑤交付

担当窓口

②送付

④決定

判定機関

手帳等検討委員会が判定
精神保健福祉センター（都道府県）が発行

③判定

精神障害者保健福祉手帳の申請時に必要なもの

①**交付申請書**(担当窓口に用意されたもの)

②**医師の診断書**(所定の様式のもの)

※診断書は有効期限があるので、担当窓口に確認を。

③**印鑑**(認め印)

④**本人の顔写真**(タテ4cm×ヨコ3cm)

※写真の添付が任意の自治体は不要。

⑤**本人のマイナンバーがわかる書類**

マイナンバーにかかわる書類についての詳細は65ページ参照。

⑥**代理人が申請する際は、代理人の本人確認ができる書類**

※市区町村によって申請時に必要なものは違うので、あらかじめ窓口かホームページで確認してください。

アドバイスが受けられるので、相談するとよいでしょう。場所は各自治体の窓口で聞くかホームページで確認してください。

①相談支援

本人とその家族、関係機関等からの日常生活でのさまざまな相談に乗ります。必要に応じて、福祉制度やその利用方法、保健、医療、福祉、教育、労働などの関係機関への紹介も行います。

②発達支援

本人とその家族、周囲の人の発達支援に関する相談に応じ、家庭での療育方法についてアドバイスします。その際、児童相談所、知的障害者更生相談所、医療機関などと連携を図ります。

③就労支援

就労を希望する場合、就労に関する相談に応じるとともに、ハローワーク、地域障害者職業センター、障害者就業・生活支援センターなどの労働関係機関と連携して情報提供を行います。

④普及啓発・研修

発達障害をより多くの人に理解してもらうための普及啓発活動を行うとともに、保健、医療、福祉、教育、労働などの関係機関の職員や、都道府県及び市町村の行政職員などを対象に研修を行います。

障害者手帳による
サービスのいろいろ

障害者手帳が交付されると、申請によって各種の手当、医療費の助成、減税、公共料金の減免などが受けられます。また、交通機関や博物館などは手帳の提示で運賃や入館料が割引になります。

障害者手帳のサービスは
いろいろある

障害者手帳を取得すると、申請によって各種の手当が支給されたり、医療費の助成が受けられます。そのお金をわが子の成長や将来の生活設計に役立てることもできます。

国や自治体で実施しているサービスだけでなく、電話料金やNHKの受信料などの公共料金や通行・運賃など民間の会社が実施している割引制度もあります。ただし、手帳を取得していれば無条件でサービスが利用できるわけではなく、障害の種類や程度によって該当しない場合もあるので、役所の窓口などで確認してください。

各種の割引制度を利用し
わが子との活動の場を広げて

障害者手帳のメリットは公的な手当の助成だけではありません。JRの運賃や航空運賃、タクシー運賃、有料道路の通行料などが割引になる場合もあります。たとえば、JRの乗車券は身体障害者手帳・療育手帳の取得者は、障害の程度によって条件は違いますが5割引で利用できます。このほか、公共の宿などでは割引になるところもありますし、テーマパークや博物館・美術館の入場料・入館料は割引や無料になることが多いので、出かけた先では、障害者の割引サービスがあるか確認する習慣をつけると、障害のある子との活動の場が広がります。

障害者手帳によるサービス

各種の手当 （76ページ参照）	障害の程度、年齢、受給者や扶養者の所得によって、心身障害者福祉手当、在宅心身障害者手当、特別障害者手当、障害児福祉手当、特別児童扶養手当が受給できる場合があります（一部自治体によって違います）。
障害者扶養共済への加入 （78ページ参照）	親なきあと、あるいは親が重度障害になったとき、生涯にわたって障害の子に年金が支給される制度です。掛け金が割安なうえ税制の優遇も受けられます。
医療費の助成 （86ページ参照）	都道府県や市区町村が実施している「障害者医療費助成制度」を利用することができます。ただし、所得制限や健康保険に加入していることなどの条件があります。
日常生活用具・補装具の交付 （99ページ参照）	身体機能の障害を補う補装具や特殊ベッドなどの日常生活用具が1割負担で利用できます。
住宅面での優遇	公営住宅への入居が有利になったり、重度障害者の住宅改造費の補助があったりします。
運賃・通行料の割引	JR旅客運賃、航空運賃、バス運賃、船舶運賃、タクシー、有料道路通行料などが割引になります。
税金の控除・減免	自動車税、自動車取得税の減免や所得税、住民税、相続税、贈与税などで控除があります。
NHKの受信料の減免や携帯電話の割引	NHKの受信料の全額・半額免除や各電話会社が行う割引サービスが受けられます。またNTTドコモ・au・ソフトバンクモバイルなどが実施している電話料金の割引も受けられます。
博物館や映画館の入館料の割引	公共・民間の博物館や美術館、映画館などの入館料が割り引かれます。本人だけでなく付添人も対象になる施設もあります。

国や自治体が実施している各種の福祉手当

障害児・者の暮らしにくさをカバーする目的で、国や自治体が支給する福祉手当があります。保護者の所得制限などがあるものもありますが、すべて申請による支給なので、居住地の市区町村に確認しましょう。

国が支給する障害児・者の福祉手当

国が障害児・者に支給する福祉手当には、「**特別児童扶養手当**」（20歳未満の児童の父母等に支給）、「**障害児福祉手当**」（20歳未満の者に支給）、「**特別障害者手当**」（20歳以上の者に支給）があります。ほかにも20歳以上で障害基礎年金を受給していない場合は「**経過的福祉手当**」が支給される場合があります。

これらは法律に基づくものなので、支給月額や支給要件などは全国で同じ内容です。

各自治体が支給する福祉手当

国の制度とは別に「**在宅心身障害者手当**」「**在宅重度障害者手当**」「**心身障害者福祉手当**」など、各自治体で行っている障害者の福祉手当があ

ります。国と自治体にどんな福祉手当制度があるのか、知ることが大事です。市区町村の窓口で説明を受けるのがいちばんですが、多くの場合、障害者手帳を取得していることが前提になるので、障害がはっきりしたら早めに障害者手帳を申請することをおすすめします。

また、国が実施する福祉手当に、独自の制度で金額を上乗せのある自治体もあるので、それらも市区町村の窓口で確認しましょう。

手当によっては重度のみ。所得制限のある場合も

各種の福祉手当は障害児・者の扶養や介護の負担の軽減を目的にしているので、重度の障害者に限られる手当もあります。

また、障害児であれば、保護者の所得が一定以上である場合は支給されないものもあります。

国が支給する福祉手当

	特別児童扶養手当	障害児福祉手当	特別障害者手当
目的	精神または身体に障害を有する児童について手当を支給することにより、これらの児童の福祉の増進を図ることを目的にしています。	重度障害児に対して、その障害のため必要となる精神的、物質的な特別の負担の軽減の一助として手当を支給することにより、特別障害児の福祉の向上を図ることを目的としています。	精神または身体に著しく重度の障害を有し、日常生活において常時特別の介護を必要とする特別障害者に対して、重度の障害のため必要となる精神的、物質的な特別の負担の軽減の一助として手当を支給することにより、特別障害者の福祉の向上を図ることを目的にしています。
支給要件	20歳未満で精神または身体に障害を有する児童を家庭で監護、養育している父母等に支給されます。	精神または身体に重度の障害を有するため、日常生活において常時の介護を必要とする状態にある在宅の20歳未満の者に支給されます。	精神または身体に著しく重度の障害を有するため、日常生活において常時特別の介護を必要とする状態にある在宅の20歳以上の者に支給されます。
支給月額 ※令和5年4月より適用	1級　53,700円 2級　35,760円	15,220円	27,980円
支払時期	特別児童扶養手当は、原則として毎年4月、8月、12月に、それぞれの前月分までが支給されます。	障害児福祉手当は、原則として毎年2月、5月、8月、11月に、それぞれの前月分までが支給されます。	特別障害者手当は、原則として毎年2月、5月、8月、11月に、それぞれの前月分までが支給されます。
所得制限	受給者もしくはその配偶者または扶養義務者の前年の所得が一定の額以上であるときは手当は支給されません。	受給者もしくはその配偶者または扶養義務者の前年の所得が一定の額以上であるときは手当は支給されません。	受給者もしくはその配偶者または扶養義務者の前年の所得が一定の額以上であるときは手当は支給されません。

※国が支給する手当は、「特別児童扶養手当等の支給に関する法律（昭和39年法律第百三十四号）」に基づく。

障害者扶養共済制度は将来頼りになる制度

障害児・者を扶養している保護者が、自らの生存中に毎月一定の掛金を納めることにより、保護者に万一（死亡・重度障害）のことがあったとき、障害児・者に終身一定額の年金を支給する任意加入の制度です。

制度の主な特色（メリット）

①保護者が死亡したときまたは重度障害になったとき、障害者に毎月2万円（2口加入の場合は4万円）の年金が生涯にわたり支給されます。

②付加保険料（保険に係る経費分）を徴収しないため、掛金が安く設定されています。

③掛金の全額が所得控除の対象となることから、所得税・住民税の軽減につながります。また年金に対しては所得税、住民税、相続税、贈与税がかかりません。

④1年以上加入した後、万一障害者が先に亡くなった場合には、加入期間に応じて、保護者に対して弔慰金が支給されます。この場合、すでに払い込んだ掛金は、返還されません。

●弔慰金の額

加入期間	弔慰金の額
1年以上5年未満	5万円
5年以上20年未満	12万5千円
20年以上	25万円

保護者の加入要件

障害のある人を扶養している保護者（父母、配偶者、兄弟姉妹、祖父母、その他の親族など）が、次のすべての要件を満たしている場合。

①制度のある都道府県・政令指定都市内に住所があること。

②加入時の年度の4月1日時点の年齢が65歳未満であること。

③特別の疾病または障害がなく、生命保険契約の対象となる健康状態であること。（健康状態等によっては、この制度に加入できない場合がある）

④障害者1人に対して、加入できる保護者は1人であること。

障害者の加入要件

次のいずれかに該当する障害者で、将来独立自活することが困難であると認められる人（年齢は問われない）。

①知的障害
②身体障害者手帳を所持し、その障害が1級から3級までに該当する障害
③精神または身体に永続的な障害のある人（統合失調症、脳性麻痺、進行性筋萎縮症、自閉症、血友病など）で、その障害の程度が①または②の者と同程度と認められる人

掛金月額

①掛金は、掛金免除になるまでの期間または脱退月まで払い込む必要があります。なお、所定の期間、払い込みを滞納したときは、加入者としての地位を失います。
②掛金月額は、加入時の年度の4月1日時点の保護者の年齢に応じて決まります。保護者の年齢が若いうちに加入すると月額の掛金は安くなります。

③次の2つの要件を両方とも満たした以後の加入月から、掛金は免除されます。
・年度初日（4月1日）の保護者の年齢が、65歳となったとき
・加入期間が20年以上となったとき
④掛金の納付が困難な人に対して掛金の減免を行っている都道府県・政令指定都市がありますので、市区町村の窓口にお問い合わせください。

●掛金月額

年齢	掛金月額 （1口あたり）
35歳未満	9,300円
35歳以上40歳未満	11,400円
40歳以上45歳未満	14,300円
45歳以上50歳未満	17,300円
50歳以上55歳未満	18,800円
55歳以上60歳未満	20,700円
60歳以上65歳未満	23,300円

※金額は令和5年度。制度の見直しにより掛金が改定されることもあります。
※制度から脱退した場合は、すでに払い込んだ掛金は返還されません。
※厚生労働省「障害者扶養共済制度（しょうがい共済）案内の手引き」（平成30年2月）を改変

障害者本人や扶養者が
受けられる税金の特例がある

障害者本人や扶養者を対象に所得税・住民税などの控除が受けられる制度があります。親なきあと、子どもの暮らしを考えるときに役立つ相続税や贈与税などの特例もおさえておきましょう。

障害者の生計に役立つ所得税や相続税の特例

障害者は、社会生活に一定の制限が生じるために、それを補う公的な支援制度がありますが、税金面でもさまざまな特例が設けられています。

障害者本人や親（扶養者）は、障害の程度によって控除額は違いますが、所得税・住民税などの障害者控除や相続税・贈与税などの資産課税の控除があります。

さらに自動車税や自動車取得税の減免制度があります。また、一定額の預貯金などの利子も、手続きを行えば非課税の適用を受けることができます。

1 所得税・住民税の特例

障害者は、障害者控除をはじめ、さまざまな特例を受けられます。

①所得税の障害者控除

納税者本人が障害者である場合や障害者である親族を扶養している場合は、所得の控除が適用されます。所得の控除としては27万円（一定以上の障害のある特別障害者は40万円）が所得金額から差し引かれます。

同一生計配偶者または扶養親族が特別障害者で、常に同居しているときは、障害者控除として1人当たり75万円が所得金額から差し引かれます。

②住民税の障害者控除

納税者本人、または控除対象の配偶者、扶養家族に障害がある場合は、

●所得税の控除額と対象者

区分	控除額
障害者	27万円
特別障害者	40万円
同居特別障害者	75万円

障害者本人が受けられる特例一覧

特例の区分	障害者	特別障害者
所得税の障害者控除	27万円を控除	40万円を控除
住民税の障害者控除	26万円を控除	30万円を控除
相続税の障害者控除 （税額控除）	障害者が85歳に達するまでの年数1年につき10万円を税額から控除	障害者が85歳に達するまでの年数1年につき20万円を税額から控除
障害者に対する贈与税の非課税	特別障害者以外の特定障害者は、信託受益権の価額のうち3,000万円まで→非課税	信託受益権の価額のうち6,000万円まで→非課税
自動車税・軽自動車税・自動車取得税の減免（※）	自動車税（軽自動車税）は45,000円まで減免、自動車取得税は取得価格が300万円まで全額減免	
障害者扶養共済制度に基づく給付金の非課税	所得税・相続税・贈与税すべて非課税	
少額貯蓄の利子等の非課税	350万円までの預貯金等の利子等→非課税（所得税）	

※自動車の税金の減免制度は、自治体によって障害者手帳の種類・等級が異なる。

右表のように住民税の控除が適用されます。障害者26万円、特別障害者30万円を所得金額から差し引くことができます。特別障害者と同居している場合はさらに23万円が差し引かれます。

●住民税の控除額と対象者

区分	控除額
障害者	26万円
特別障害者	30万円
同居特別障害者	53万円

（同居の場合は23万円の加算）

（税法上）

特別障害者	障害者のうち、とくに重度の障害者（身体障害者手帳の1級または2級、精神障害者保健福祉手帳の1級、重度の知的障害者と判定された人など）
特定障害者	特別障害者および障害者のうち精神に障害がある障害者

2　相続税の障害者控除

相続人が障害者であるときは、85歳に達するまでの年数1年につき10万円（特別障害者20万円）が障害者控除として、相続税額から差し引かれます（146ページ参照）。

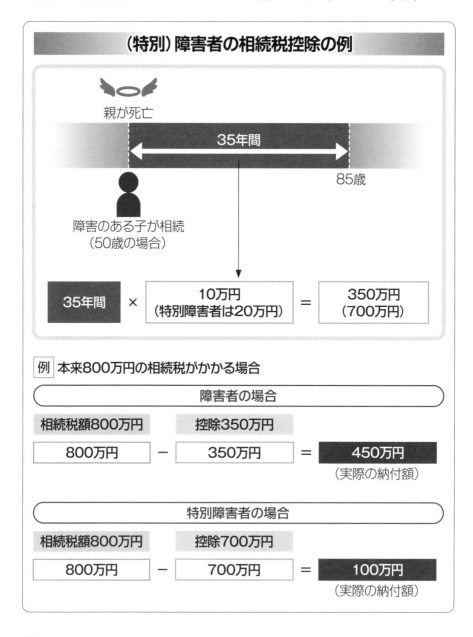

（特別）障害者の相続税控除の例

親が死亡

35年間

85歳

障害のある子が相続
（50歳の場合）

| 35年間 | × | 10万円（特別障害者は20万円） | = | 350万円（700万円） |

例 本来800万円の相続税がかかる場合

障害者の場合

相続税額800万円　　控除350万円

| 800万円 | − | 350万円 | = | 450万円 |

（実際の納付額）

特別障害者の場合

相続税額800万円　　控除700万円

| 800万円 | − | 700万円 | = | 100万円 |

（実際の納付額）

3　特定障害者に対する贈与税の非課税

特定障害者（81ページ参照）の生活費などに充てるために、一定の信託契約に基づいて特定障害者を受益者とする財産の信託があったときは、その信託受益権の価額のうち、特別障害者については6,000万円まで、特別障害者以外の特定障害者については3,000万円まで贈与税がかかりません。

この非課税の適用を受けるためには、財産を信託する際に「障害者非課税信託申告書」を、信託会社を通じて所轄税務署長に提出しなければなりません。

4　自動車税・軽自動車税・自動車取得税の減免

一定以上の障害のある人の通院、通学、通所または生業に使用する自動車について、下記の要件を満たす場合、1人につき1台限り自動車税・自動車取得税が減免になります。

①自動車税・軽自動車税

4月1日現在で所有している自動車税が45,000円まで減免されます。45,000円を上回る部分については、納税が必要です。

②自動車取得税

300万円×該当する車の税率を上限に減免されます。取得価格が300万円以下の自動車の場合は、全額減免されます。ただし、自動車取得税

減免の対象となる自動車の要件

自動車の所有者（納税義務者）	自動車の運転手
障害者本人	・障害者本人 ・または障害者と同一生計の人
障害者と同一生計の家族など	・障害者本人 ・または障害者と同一生計の人
障害者（身体障害者など）本人 （世帯に運転免許証を有する家族などがいない場合）	・障害者を常時介護する人

※控除金額などは2024年4月現在のもの。

の減免を受けてから1年以内に自動車を新たに取得した場合、原則として新たに取得した自動車の自動車取得税の減免は受けられません。

5 障害者扶養共済制度に基づく給付金の非課税

地方公共団体が条例によって実施する障害者扶養共済制度（78ページ参照）に基づいて支給される給付金（脱退一時金を除く）については、所得税はかかりません。

この給付金を受ける権利を相続や贈与によって取得したときも、相続税や贈与税はかかりません。

6 少額貯蓄の利子等の非課税

身体障害者手帳等の交付を受けている人（※）は、一定の預貯金等の利子などについては、手続きを行えば非課税の適用を受けることができます。

このマル優（預貯金）、特別マル優（公債）を利用するには、最初の預け入れなどをする日までに「**非課税貯蓄申告書**」を金融機関の営業所などを経由して税務署長に提出するとともに、原則として、預け入れなどの都度「**非課税貯蓄申込書**」を金融機関の営業所等に提出しなけれ

ばなりません。

①預貯金等の種類

銀行などの預貯金、貸付信託、公社債、公社債投資信託など

②非課税貯蓄限度額

マル優（預貯金）350万円
特別マル優（公債）350万円

③必要な確認書類

・手帳・年金証書等
・マイナンバーカードなど

※遺族基礎年金・寡婦年金などを受けている妻や児童扶養手当を受けている児童の母も対象になります。

7 公共料の割引などのサービス

障害者手帳を呈示することで、公共料金や交通機関の割引や減免を受けることができます。

公共料金であれば、NHKの受信料や下水道料金、携帯電話料金の基本使用料金の割引などのサービスが受けられます。

交通機関ではJR旅客運賃や私鉄、路線バス、タクシー、有料道路の通行料、航空運賃などの割引制度などを利用することができます。ただし、一定以上の障害が条件とされる交通機関もあるので、あらかじめ確認しておきましょう。

●各種の割引・料金の減免などのサービス

公共料金	NHK受信料の減免	世帯全員が市区町村民税非課税の場合全額免除。そのほか、条件によって一部免除
	水道料金・下水道料金の免除	障害者では特別児童扶養手当（76ページ参照）の受給者が対象。自治体によって異なる
	携帯電話料金の割引	携帯電話の基本使用料が割引になるなど。サービス内容は携帯電話会社によって異なるので問い合わせを
交通機関	JR旅客運賃の割引	片道100km以上の乗車券が5割引。手帳に「一種」の記載のある障害者は介護者も割引あり。介護者がいる場合は100km以内や、急行券も割引
	私鉄の旅行運賃の割引	対象や利用方法はJRに準じるが割引内容については鉄道会社によって異なる
	路線バス料金の割引	身体障害・知的障害の人は5割引。条件により介護者も5割引
	都営交通（例）の無料乗車券	都内に住所があり障害者手帳の交付を受けている人は都営交通の無料乗車券を取得できる
	タクシー運賃の割引	身体障害・知的障害・精神障害の手帳を提示するとメーター料金から10%割引になる
	タクシー料金の助成	障害の種類や程度により、自治体からタクシーの割引券が複数枚交付される
	有料道路通行料の割引	障害者本人、あるいは障害者を同乗させている有料道路の通行料金が、通常5割引になる
	航空旅客運賃の割引	国内の航空機を利用するとき運賃が割引になる。割引率は航空会社・路線によって異なる
施設利用	自治体施設などの入場料の減免	自治体が運営する公園、博物館、動物園などは障害者本人と付添人は無料のケースが多い
	自治体提携保養施設などの割引	都道府県・市区町村が提携する保養施設などは、割引になるほか優先的に利用できることが多い

※公共サービスは自治体によって内容は異なります。
※障害の種類や程度によって対象にならないサービスがあります。

障害者医療費助成制度とは?

障害者の医療費の一部を助成することにより、その健康と福祉の増進を図ることを目的としています。助成の対象となるのは保険診療に限られるので、他の準備も考えておきたいところです。

自治体によって助成の対象となる人が異なる

心身に障害のある人が医療を受けた際に、医療費を助成する制度があります。都道府県や市区町村が実施しているもので、地域によって、対象となる障害の程度や、助成の内容が変わってきます。また多くの場合、受給には所得の制限があります。

障害者手帳を交付されている人が対象ですが、障害の程度によって助成される場合と助成されない場合があります。障害の程度としては、重度の身体障害者手帳もしくは療育手帳の所持者が対象となっている場合が多いですが、精神障害者保健福祉手帳1級所持者も対象となっている自治体もあります。

また、受給には所得制限がある場合も多いですが、所得制限はなしという自治体もあります。お住まいの地域の障害福祉の窓口などにぜひ確認してみてください。

入院治療の実費負担に備えるために医療保険加入の検討を

通常の病気での通院などは、この制度で安心ですが、問題となるのは入院のときです。

障害のある人が入院する場合、どうしても個室や差額ベッドが必要になることも多く、これらは保険対象ではないため、自己負担が生じます。また、食事代や入院にともなう実費負担もあるため、長期入院ともなると、多額の費用が必要になってくる可能性があります。

障害者医療費助成制度でカバーしきれない出費に対応するために、入院保障のある医療保険への加入を検討してもいいのではないかと思います。障害者でも加入できる保険は数が限られていますが、パニックを

起こして物を壊したり、人を傷つけたりしたときのために、個人賠償責任補償を備えてあるものもあるので、障害者の特性に合わせた保障が期待できます。

知的障害者が加入できる保険には下記のようなものがあり、入院保障や個人賠償責任補償などがセットされています。

対象者と助成範囲の例 （東京都の場合）

対象者	・身体障害者手帳1級、2級所持者 ・愛の手帳1度、2度所持者 ・精神障害者保健福祉手帳1級所持者（※）
所得制限基準額	年間3,600,400円 （本人の所得。本人に扶養親族がいない場合）
助成内容	・住民税課税者は1割負担（ただし上限額あり） ・住民税非課税者は負担なし
助成範囲	医療保険の対象となる医療費、薬剤費など

※精神障害者保健福祉手帳所持者は対象外の地域が多い。

知的障害者が加入できる医療保険

保険名	取扱い
生活サポート 総合補償制度	一般社団法人　全国知的障害児者生活サポート協会 Tel：03-5577-6351　Fax：03-5577-6352 https://zensapo.jp/insurence/
ぜんちの あんしん保険	ぜんち共済株式会社 TEL 03-6910-0850　FAX 03-6910-0851 問い合わせ　0120-322-150 https://www.z-kyosai.com/
ASJ保険	一般社団法人　日本自閉症協会　ASJ保険事務局 問い合わせ　0120-880-819 http://www.autism.or.jp/asj-hoken

自立支援医療制度を利用する

自立支援医療制度は、心身の障害を軽減・除去を目的にした医療について、医療費の自己負担額を軽減する公費負担医療制度です。この制度を利用するには、各市区町村の窓口への申請が必要です。

■ この制度を利用できる対象者は?

「**自立支援医療制度**」は、障害者総合支援法に基づいた支援制度で、障害の程度を軽くしたり、取り除いたり、障害の進行を防いだりする医療費の本人負担の一部を給付する制度です。

障害者を対象にした医療費の支援制度として、ほかに「障害者医療費助成制度」(86ページ参照)があります。こちらは障害の軽減とは関係なく医療費全般を対象にした支援制度ですが、いっぽう「自立支援医療制度」は障害を治療する目的の医療費のみが対象になります。

3つに大別され、次のような人たちが対象者です。

①精神通院医療

統合失調症などの精神疾患を理由に通院している人で、継続的に治療が必要な人。

②更生医療

身体障害者手帳の交付を受けた人で、手術などの治療により、確実に効果が期待できる18歳以上の人。

③育成医療

特定の障害をもつ児童で、手術などの治療により確実に効果が期待できる18歳未満の人。また、障害にかかわる医療を行わないと、将来障害を残すと認められる疾患がある児童。

■ 自己負担は原則1割だが、所得によって上限額がある

申請の窓口はすべて市区町村ですが、精神通院医療のみ都道府県が実施主体となります。

また、更生医療については、市区町村に申請したのち、身体障害者更生相談所が支給認定の判定を行います。

自己負担額はいずれも原則1割と

なりますが、世帯の市区町村民税課税額または本人の収入に応じて、月ごとに負担上限額が設定されています。また、一定の負担能力があっても、継続的に相当額の医療費が生じる人（高額治療継続者＝「重度かつ継続」）には、1カ月当たりの負担額に上限額を設定するなどの軽減措置がとられています。なお、入院時の食事療養費または生活療養費（いずれも自己負担相当）については原則自己負担になります。

自立支援医療における利用者負担上限月額

所得区分			更生医療・精神通院医療	育成医療	重度かつ継続
一定所得以上		市区町村民税23万5000円以上	対象外	対象外	2万円
中間所得	中間所得2	市区町村民税3万3000円以上23万5000円未満	医療保険の高度療養費	1万円	1万円
	中間所得1	市区町村民税課税以上3万3000円未満		5000円	5000円
低所得2		市区町村民税非課税（本人収入が80万1円以上）	5000円	5000円	5000円
低所得1		市区町村民税非課税（本人収入が80万円以下）	2500円	2500円	2500円
生活保護		生活保護世帯	0円	0円	0円

自立支援医療の申請に必要な書類

		精神通院医療		更生医療	育成医療
		支給認定の申請のみ行う	手帳の交付と支給認定の申請を同時に行う		
申請先		市区町村（実施主体は都道府県）		市区町村	市区町村
必要書類	1	認定申請書 ※受診者本人（18歳未満の場合は保護者）のマイナンバーの記載が必要		認定申請書 ※受診者本人のマイナンバーの記載が必要	認定申請書 ※保護者のマイナンバーの記載が必要
	2	医師の意見書 指定自立支援医療機関において精神障害の診断・治療を行う医師によるもの ※高額治療継続者は、「重度かつ継続」に関する意見書も必要	医師の診断書 精神保健指定医や精神障害の診断・治療を行う医師で、指定自立支援医療機関にて精神通院医療を担当する医師による、精神障害者保健福祉手帳用の診断書 ※高額治療継続者は、「重度かつ継続」に関する意見書も必要	医師の意見書 指定自立支援医療機関の担当医師が作成する意見書	医師の意見書 指定自立支援医療機関の担当医師が作成する意見書
	3	医療保険の加入関係を示すもの（被保険者証・被扶養者証・組合員証など）※受診者及び受診者と同一の世帯に属する人全員の名前が記載されていること			
	4	受診者が属する世帯の所得状況を証明するもの ・市区町村民税の課税世帯は課税状況が確認できる資料 ・市区町村民税非課税世帯は受給者にかかわる収入の状況が確認できる資料 ・生活保護受給世帯または支援給付受給世帯の証明書			
	5			身体障害者手帳の写し	
	6			腎臓機能障害に対する人工透析療法の場合は、特定疾病療養受領証の写しが必要	

第4章

生活面で利用したい各種のサービス

「障害者総合支援法」とは
どのような法律ですか?

「障害者総合支援法」は、福祉サービスの充実を図ったり、地域を中心とした支援体制を整備したりして、障害のある人が地域社会で共生することを目的として制定されました。

障害のある人が共生できる地域社会の実現へ

「障害者総合支援法」は、正式名称を「**障害者の日常生活及び社会生活を総合的に支援するための法律**」といいます。

かつては、「障害者自立支援法」と呼び、障害者の自立を促すことを目的としていましたが、ノーマライゼーション（障害者や高齢者が健常者などと共に同等の生活ができるように支援するべきであるという社会福祉の考え方）が国際社会で浸透し始めたことにより、障害者が共生できる地域社会を目指す法律へと改正されました。

これにより、過去の法律で目的として記載されていた「自立」の文字は、「基本的人権を享有する個人としての尊厳」という文言に書き換えられ、これに基づく基本理念が創設

されました。

利用対象者の拡大と地域の実情に合わせたサービス

「障害者総合支援法」が制定されたことで、福祉サービスにいくつかの変更点が生じました。

利用者にとっての大きな変化は、障害者の範囲が見直され、これまで対象外とされてきた特定の難病のある人が対象として認められたこと、重度訪問介護の対象者が拡大されたこと、それぞれの障害の特性やその人の心身の状態に応じて、必要とされる標準的な支援の度合いによって区分が行われるように見直されたことでしょう。

また、どの地域でも同等のサービスを受けられ、かつ、その地域の実情に合わせたサービスを独自に取り入れられるよう、地域生活支援事業の見直しなども図られています。

障害者総合支援法の主なポイント

基本理念の創設

基本理念には、以下の文言が明記されています。

全ての国民が、障害の有無にかかわらず、等しく基本的人権を享有するかけがえのない個人として尊重されるものである。

こうした理念にのっとり、

・障害の有無によって分け隔てられることなく、相互に人格と個性を尊重し合いながら共生する社会を実現する。

・全ての障害者及び障害児が可能な限りその身近な場所において必要な日常生活又は社会生活を営むための支援を受けられる。

・社会参加の機会及びどこで誰と生活するかについての選択の機会が確保され、地域社会において他の人々と共生することを妨げられない。

・障害者及び障害児にとって日常生活又は社会生活を営む上で障壁となるような社会における事物、制度、慣行、観念その他一切のものの除去に資する。

以上を旨として、総合的かつ計画的に行わなければならない。

障害者の範囲の見直し

症状が不安定なために障害者手帳を取得しづらかったり、また補助金事業として一部の自治体でしか行われていなかった難病のある人たちが対象に含まれ、その疾病の種類も拡大しています。

障害支援区分の改正

障害の程度による区分ではなく、支援の必要性を標準的な度合いから判断した区分であることから名称を変更し、さらに適切な認定が行われるように判断基準を明確にしています。

重度訪問介護の対象者の拡大

身体障害者のなかでも重度の肢体不自由者にしか認められなかった訪問介護が、そのほか特定の障害がある人たちにも利用できるようになりました。

地域生活支援事業の見直し

どの市区町村でも同様のサービスが受けられるように必須事業を加えるいっぽう、地域社会の実情に合わせた独自のサービスを柔軟に行えるようにしました。

支援対象となるのは
どのような人ですか？

「障害者総合支援法」の対象となるのは、身体障害、知的障害、発達障害を含む精神障害、特定の難病のある障害者と障害児です。障害者手帳を持っていなくても、必要と認められれば支援を受けられます。

拡大している「障害者総合支援法」の対象

「障害者総合支援法」の条文では、「障害者」の範囲を、それぞれの障害について定めた法律によって定義しています。

難病については、「障害者総合支援法」が定められた際に新たに加えられましたが、その後の検討会により、指定難病（医療費助成となる難病）の基準を踏まえたうえで、「治療法が確立していない」「長期の療養を必要とする」「診断に関し客観的な指標による一定の基準が定まっている」という要件を満たす疾病についても、対象に加えられました。

これにより、令和6年4月現在、366の疾病が障害福祉サービスなどの対象になっています。具体的な疾病は、厚生労働省のホームページで確認することができます。

対象となった人たちは、障害者手帳がなくても、必要と認められれば障害福祉サービス、相談支援、補装具及び地域生活支援事業（障害児の場合は、障害児通所支援と障害児入所支援も含む）を利用することができます。

対象の疾病が増えたいっぽうで対象外となった疾病もある

いっぽうで、対象外となった疾病もあります。

平成27年1月以降に対象外となった疾病には劇症肝炎と重症急性膵炎が、また、同年7月以降には、メニエール病など16の疾病が対象外となっています。

ただし、それぞれ対象外となった前日までに支給決定などを受けたことがあれば、引き続き障害福祉サービスなどを利用することができます。

「障害者総合支援法」の対象となる障害者の範囲

身体障害者とは

身体上の障害（視覚障害、聴覚または平衡感覚の障害、音声機能・言語機能・そしゃく機能の障害、肢体不自由、内部障害）がある18歳以上の人で、身体障害者手帳の交付を受けている人（身体障害者福祉法）

知的障害者とは

知的障害者福祉法にいう知的障害のある18歳以上の人（※知的障害者福祉法には、知的障害の定義がない）

精神障害者とは

統合失調症、精神作用物質による急性中毒またはその依存症、精神病質その他の精神疾患がある18歳以上の人（精神保健及び精神障害者福祉に関する法律）

発達障害者とは

自閉症、アスペルガー症候群、その他の広汎性発達障害、学習障害、注意欠陥多動性障害、その他これに類する脳機能の障害がある18歳以上の人で、日常生活または社会生活で制限を受ける人（発達障害者支援法）

難病患者とは

治療方法が確立していない疾病、その他の特殊な疾病がある18歳以上の人（※その後の検討会により、国が定めた指定難病のうち、「長期の療養を必要」とし、「診断に関して客観的な指標による一定の基準が定まっているもの」という要件を満たす難病を追加しています）

障害児とは

身体障害、知的障害、発達障害を含む精神障害、特定の難病がある18歳未満の人（児童福祉法）

対象となるサービスには
どのようなものがありますか？

市区町村が実施主体となり、対象者に必要なサービスについての給付が個別に行われる「自立支援給付」と、都道府県の支援によって、地域の特性を生かした支援を行う「地域生活支援事業」があります。

サービスの利用費を負担する「自立支援給付」

「障害者総合支援法」に基づくサービスは、市区町村が主体となって障害福祉サービスなどを行う「**自立支援給付**」と、都道府県と市区町村がそれぞれ主体となって行う「**地域生活支援事業**」に大別されます。

「自立支援給付」は、障害のある人が必要なサービスを個別に選択して利用できるもので、費用のほとんど（または全額）が給付金によってまかなわれます。

主な「自立支援給付」には、「介護給付」「訓練等給付」「自立支援医療」「補装具」などがあります。

このほか、「地域相談支援給付」「計画相談支援給付」など、相談支援体制を強化するための「相談支援」も用意されています。

地域の特性が生かされる「地域生活支援事業」

「地域生活支援事業」は、各地域で生活する障害のある人たちのニーズに合わせて、都道府県と市区町村が設定するサービスです。

必須事業はあらかじめ定められているため、全国どの自治体でも一定のサービスが受けられ、そのほかに任意の事業が、都道府県と市区町村によってそれぞれ提供されます。

市区町村が提供するサービスは、「相談支援事業」や「移動支援事業」「意思疎通支援事業」など、障害のある人にとって身近なサービスが中心となっており、それらのサービスを提供するための専門性の高い事業を、都道府県が支援しています。

また、障害児に対するサービスは、法律の改正によりすべて児童福祉法に一本化されています。

障害者総合支援法の給付・事業

市区町村

介護給付
- ・居宅介護
- ・重度訪問介護
- ・同行援護
- ・行動援護
- ・療養介護
- ・生活介護
- ・短期入所
- ・重度障害者等包括支援
- ・施設入所支援

自立支援給付
※原則として
国が1/2負担

相談支援
- ・基本相談支援
- ・地域相談支援
　（地域移行支援・
　地域定着支援）
- ・計画相談支援

訓練等給付
- ・自立訓練
　（機能訓練・生活訓練）
- ・就労移行支援
- ・就労継続支援
　（A型・B型）
- ・就労定着支援
- ・自立生活援助
- ・共同生活援助

障害者・児

自立支援医療
- ・更生医療
- ・育成医療
- ・精神通院医療

補装具

地域生活支援事業
※国が1/2以内で補助

- ・相談支援　・意思疎通支援　・日常生活用具
- ・移動支援　・地域活動支援センター　・福祉ホーム　など

支援

- ・広域支援　・人材育成　など

都道府県

※自立支援医療のうち、精神通院医療の実施主体は都道府県及び指定都市

※内閣府「平成30年版　障害者白書」より

障害者総合支援法に基づくサービスの概要

給付の種類			サービスの主な内容
介護給付	居宅介護 (ホームヘルプ)		利用者の自宅で、入浴、排泄、食事などの身体介護、調理、洗濯、掃除などの家事援助、生活全般にわたる援助や、相談・助言を行う。通院時の介助(通院等介助)、介護タクシーを利用する際の介助(通院等乗降介助)も行う
	重度訪問介護		重度の障害者が日常生活を営めるように、利用者の自宅で、入浴、排泄、食事の介護、外出時の移動支援などを総合的に行う
	同行援護		視覚障害によって移動が著しく困難な人に、移動に必要な情報の提供(代筆・代読を含む)や、移動の援護など、外出の支援を行う
	行動援護		重度の知的障害や精神障害で自己判断能力が働かない人が行動する際に、危険を回避するために必要な支援や外出の支援を行う
	療養介護		医療的ケアと常時介護が必要な人に、医療機関での訓練を行うとともに、療養上の管理、看護、介護や日常生活の世話をする
	生活介護		常に介護を必要とする人に、日中、入浴、排泄、食事などの介護を行うとともに、施設での創作活動や生産活動の機会を提供する
	短期入所 (ショートステイ)		家庭内で一時的に介護ができない場合などに、短期間、夜間も含めて、施設などで入浴、排泄、食事などの介護を行う
	重度障害者等 包括支援		介護の必要性が非常に高い重度の障害がある人に、居宅介護など複数のサービスを24時間体制で包括的に行う
	施設入所支援		日中、施設などで活動する人に、夜間や休日、別の施設で入浴、排泄、食事などの介護を行う
訓練等給付	自立訓練	機能訓練	地域生活を送るうえで、身体的リハビリテーションが必要と判断された身体障害のある人に、一定期間、身体機能の維持・回復に必要な訓練を行う
		生活訓練	地域生活を送るうえで、生活能力の維持・向上が必要な知的障害・精神障害のある人に、一定期間、食事や家事などの訓練を行う

給付の種類			サービスの主な内容
訓練等給付	就労移行支援		一般企業などへの就労を希望する人に、就労に必要な知識や能力の向上に必要な訓練を、一定期間行う
	就労継続支援（A型・B型）		一般企業などでの就労が困難な人に、働く場を提供するとともに、知識や能力向上のための訓練を行う
	就労定着支援		就労移行支援などを経て一般企業などに就職した人が、職場に定着するように、一定期間、支援する
	自立生活援助		施設などを退所してひとり暮らしを始めた人や、支援を受けることで、一人でも自立した社会生活を営むことができる人を定期的に巡回し、必要に応じた助言をしたり、医療機関などとの連絡調整を行う
	共同生活援助（グループホーム）		日中、活動する場のある人が、障害のある人たちと共同生活を送りながら、夜間や休日に日常生活の援助を受ける
相談支援	基本相談支援		障害者福祉に関する様々な問題について、障害のある人や家族などからの相談に対応し、必要な情報の提供や利用支援を行ったり、権利擁護のための援助を行う
	地域相談支援	地域移行支援	施設や医療機関に入所・入院している人に対して、地域生活に移行する際の相談に応じたり、事業所などへの同行支援を行う
		地域定着支援	居宅において単身で生活している人に対して、地域生活を継続していくための連絡体制を常時確保し、緊急時に必要な支援を行う
	計画相談支援		福祉サービスを利用する際に、サービス等利用計画についての相談・作成を行い、利用決定後のモニタリング（利用状況の検証）を行う
自立支援医療	更生医療		身体障害のある18歳以上の人が、手術などの治療によって確実に効果が期待できる場合に、医療費を補助する
	育成医療		身体障害のある児童（18歳未満）が、手術などの治療によって確実に効果が期待できる場合に、医療費を補助する
	精神通院医療		所定の精神疾患を有する人が、通院による精神医療を継続的に受ける場合に、医療費を補助する
補装具	補装具		所定の要件を満たした補装具（義肢、装具、車椅子など）の購入に際し、費用を補助する

サービスにかかる費用は
どれくらい負担するのですか？

原則として、費用の1割を負担することになっています。しかし、障害が重くなるほど利用するサービスが増加し、負担が大きくなるため、所得によって上限が決められています。

所得で決まる
利用料の負担上限額

　サービスを利用したときに、利用者が負担する金額を「利用者負担」といいます。

　かつては、どの利用者も1割を負担する応益負担（定率負担）でしたが、これでは障害が重い人ほど利用するサービスが増え、負担する金額も増加してしまうという問題がありました。そこで現在は、サービスの利用量に関係なく、利用者の所得に応じて利用者負担が決まる「応能負担」を採用しています。

　所得に応じて利用者を4つの区分に分け、1カ月に負担する上限額を定めており、利用するサービスが増えても上限額を超える負担は生じません。

　また、所得を判断する世帯の範囲は、18歳以上の障害者の場合、本人と配偶者で、親の所得は関係ありません。

サービス利用にかかる
実際の負担額

　では、サービスを利用するとどのくらいの料金がかかるのでしょうか。

　障害福祉サービスの利用料金は単位数で表され、これに、利用回数を乗じて1カ月に利用した総単位数を算出します。さらに、1単位当たりの単価（市区町村ごとに設定されている）を乗じてサービス費の総額を計算します。

　例えば自宅で身体介護をしてもらう場合、30分未満で248単位と定められているので、1カ月に8回利用すると1984単位。1単位が10円の地域ならば1万9840円になります。自己負担額は、その1割に相当する1984円という計算になります。

1カ月の負担上限額

区分	世帯の収入状況	負担上限月額
生活保護	生活保護受給世帯	0円
低所得	市区町村民税非課税世帯（※1）	0円
一般1	市区町村民税課税世帯 （所得割16万円未満）（※2） ＊入所施設利用者（20歳以上）、グループホーム利用者を除く（※3）	9,300円
一般2	上記以外	3万7,200円

（※1）3人世帯で障害基礎年金1級受給の場合、収入がおおむね300万円以下の世帯が該当
（※2）収入がおおむね600万円以下の世帯が該当
（※3）入所施設利用者（20歳以上）、グループホーム利用者は、市区町村民税課税世帯の場合、[一般2]となる
※18歳未満の場合、保護者が属する世帯が住民税所得割28万までの世帯は**4,600円**。それ以上の世帯は**3万7,200円**。

所得を判断する際の世帯の範囲

種別	世帯の範囲
18歳以上の障害者 （施設に入所する18、19歳を除く）	障害のある人とその配偶者
障害児 （施設に入所する18、19歳を含む）	保護者の属する住民基本台帳での世帯

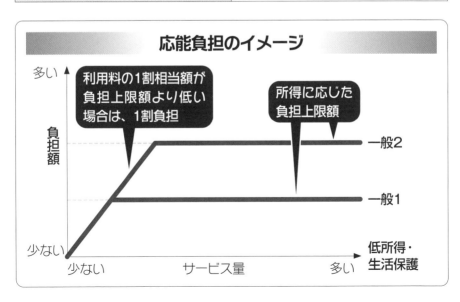

応能負担のイメージ

経済的に費用の負担が難しい人はどうしたらいいですか？

毎日サービスを利用するとなると、当然、費用もかさんできます。利用料が生活を圧迫し負担にならないように、利用者負担の上限額以外にもさまざまな軽減措置がとられています。

自己負担額の減額と食費等実費に対する給付金

利用者負担の上限額の設定以外にも、利用するサービスによって、負担額を軽減する制度があります。

①医療型個別減免

療養介護を利用する場合、福祉サービスの自己負担額と医療費、食事療養費を合算して上限額を設定します。20歳以上の入所者で低所得（主たる収入源が障害基礎年金）の人は、少なくとも2万5000円が手元に残るよう利用者負担額が減免されます。

②高額障害福祉サービス等給付費

障害者と配偶者の世帯で、障害福祉サービスの自己負担額（介護保険も利用している場合は、介護保険の負担額も含む）の合算額が上限額を超えた場合は、高額障害福祉サービス等給付費が支給されます。

また障害児が障害者総合支援法と児童福祉法のサービスを併せて利用している場合、利用者負担額の合算が、それぞれいずれか高い額を超えた部分について給付費が支給されます。なお、いずれの場合も、償還払い方式による支給です。

③生活保護への移行防止策

これらの負担軽減策を利用しても生活保護の対象となる場合、対象にならない額まで自己負担の上限額や食費等実費負担額が引き下げられます。

④食費等実費負担の減免措置

20歳以上の入所者の場合、食費・光熱水費の実費負担について、給付金が支給されるケースがあります。また通所者の場合、所得によっては食材料費のみの負担となります。

⑤家賃の助成

グループホームの利用者に対し、家賃の補足給付として月額1万円を上限とした助成があります。

利用者負担に関する軽減措置

	入所施設利用者（20歳以上）	グループホーム利用者	通所施設（事業）利用者	ホームヘルプ利用者	入所施設利用者（20歳未満）	医療型施設利用者（入所）
自己負担の軽減	**利用者負担の負担上限月額設定**　利用者負担に、所得に応じた負担上限額を設定					
	高額障害福祉サービス等給付費　世帯での合算額が上限額を上回る場合、給付費が支給される					**医療型個別減免**　医療・食事・療養費と合わせ、上限額を設定
			事業主の負担による就労継続支援A型事業（雇用型）の減免措置			
	生活保護への移行防止策　軽減措置を図っても生活保護の対象となる場合、自己負担の上限月額や食費等実費負担額を引き下げる					
食費・光熱水費等の補足給付	補足給付　食費・光熱水費を減免	食費については実費負担だが、通所施設（事業）の人件費支給を利用した場合は、食費の人件費支給による軽減措置が受けられる／補足給付　家賃負担を軽減	食費の人件費支給による軽減措置		補足給付　食費・光熱水費を減免	補足給付　食費・光熱水費を減免

サービスを利用するときは
どのような手続きが必要ですか?

> まず、居住地の市区町村に申請し、障害支援区分の認定を受けます。その後、相談支援事業者が作成した利用計画案によって給付金の支給が決定したところでサービスの利用開始となります。

窓口に申請する前に
相談支援事業者に相談してみる

　サービスの利用を希望する場合は、障害のある人または代理人や保護者が、居住地の市区町村の窓口に申請する必要があります。

　その際、利用したいサービスを選んで申請することになりますが、どのサービスが適切か決めかねる場合などは、窓口に申請する前に、「指定特定相談支援事業者」に相談しましょう。申請の代行や代理を依頼することもでき、その後、「サービス等利用計画案」を作成して、市区町村に提出してくれます。

　障害児については、居宅サービスの場合は、「指定特定相談支援事業者」が計画案の作成をしますが、通所サービスの場合は、児童福祉法に基づく「指定障害児相談支援事業者」が「障害児支援利用計画案」を作成します。

　また、介護給付を申請する場合は、計画案を作成する前に、障害支援区分の認定が必要となります。

給付金の支給決定には
サービス等利用計画案が必須

　市区町村は、相談支援事業者から提出された計画案と、障害者（児）の地域生活や日中の活動状況、介護者、居住環境、就労状況などを勘案し、支給の必要があるかどうかを決定します。

　支給が決定したら、ケアマネジャーを中心にサービス事業者らが集まってサービス担当者会議が開かれ、「サービス等利用計画」が作成されます。

　この計画に基づいて、サービス事業者によるサービスが開始され、一定期間ごとに利用状況を確認しながら、サービスの見直しが図られます。

サービス利用の流れ

サービス利用の相談

市区町村が指定した相談支援事業者に相談する

↓

利用申請

利用したいサービスを選び、居住地の市区町村に申請する

介護給付

**訓練等
給付**

**ケア
マネジメント
の実施**

障害支援区分の認定

認定調査によって障害支援
区分が決まる

↓

サービス等利用計画案の作成

相談支援事業者に作成してもらい、市区町村に提出する

↓

支給決定

提出された計画案などをもとに、支給されるかどうかが決
まる

↓

サービス担当者会議

支給の決定を受けて、相談支援事業者が担当者会議を行う

↓

支援決定時のサービス等利用計画の作成

サービス事業者などと連絡調整を行い、実際に行うサービ
ス等利用計画を作成する

↓

サービス利用の開始

サービス事業者と利用契約を結ぶ

↓

**一定期間ごとの
モニタリング**

支給決定後のサービス等利用計画案の見直し

利用者の状況やサービス内容によって見直しが図られる

障害支援区分の認定とは
どのようなことですか？

障害による特性はさまざまで、必要な支援の度合いも異なります。そのため、標準的な支援の度合いを6段階の区分に分けて、適切なサービスを提供できるようにしたものです。

障害支援区分によっては利用できないサービスもある

障害支援区分は、障害の多様な特性や心身の状態に応じて必要とされる標準的な支援の度合いを、「非該当」と「区分1～6」の7段階に分けたものです。

数字が大きくなるほど、必要とされる支援の度合いが高いという意味で、それぞれの区分に応じて適切なサービスが利用できるように定められています。そのため、認定の結果によっては、利用できないサービスもあります。

障害支援区分の認定を受けるにあたり、市区町村の職員または市区町村から委託を受けた認定調査員などにより認定調査が行われます。基本的には、日常の生活状態がわかる場所を訪問し、家族がいる場合は同席が求められます。

障害支援区分を決定する80の調査項目や医師意見書

認定調査の内容は、以下の3つに大別されます。

①障害支援区分認定調査

80の項目からなる基本調査で、「移動や動作等」「身の回りの世話や日常生活等」「意思疎通等」「行動障害」「特別な医療」に関して、どの程度の支援が必要かを確認します。

②概況調査

現在受けているサービスや、日中の活動状況、介護者、居住環境などについての調査です。

③特記事項

80項目の基本調査に対応した調査票で、基本調査では表せない内容を詳細に記述します。

これらの調査結果や、主治医の意見書（医師意見書）を元に、障害支援区分が決定されます。

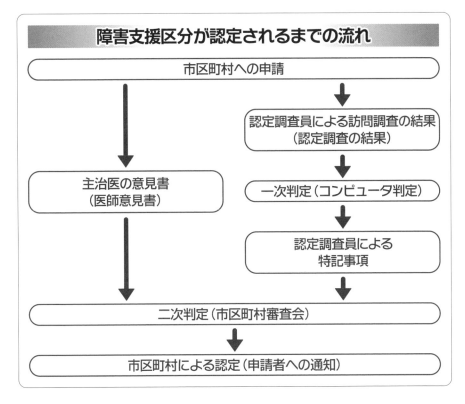

障害支援区分が認定されるまでの流れ

市区町村への申請

認定調査員による訪問調査の結果
（認定調査の結果）

主治医の意見書
（医師意見書）

一次判定（コンピュータ判定）

認定調査員による
特記事項

二次判定（市区町村審査会）

市区町村による認定（申請者への通知）

障害支援区分ごとの利用できるサービスのめやす

サービスの種類	非該当	区分1	区分2	区分3	区分4	区分5	区分6
居宅介護	×	○	○	○	○	○	○
重度訪問介護	×	×	×	×	○	○	○
同行援護	○	○	○	○	○	○	○
行動援護	×	×	×	○	○	○	○
療養介護	×	×	×	×	×	△1	○
生活介護	×	×	△2	○	○	○	○
短期入所	×	○	○	○	○	○	○
重度障害者等包括支援	×	×	×	×	×	×	○
施設入所支援	×	×	×	△3	○	○	○

※それぞれのサービス・区分において、一定の要件があります。
△1……筋ジストロフィ患者、重症心身障害者は区分5から
△2……50歳以上の人は区分2から　△3……50歳以上の人は区分3から

サービス利用の申請は
どのようにすればいいですか？

> 居住地の市区町村の窓口に申請書を提出します。基本的に、障害のある本人（障害児の場合は保護者）が申請することになっていますが、代理人が手続きすることもできます。

申請の前に窓口に問い合わせる

利用申請の窓口は、一般的に、市区町村の障害福祉課など障害福祉について担当している部署です。自治体によって担当部署名が異なることもありますが、「障害福祉サービスを受けたい」と伝えれば、窓口を教えてもらえます。

その際、障害のある人が住んでいる市区町村でなければなりません。施設などに入所している場合も、入所する前に住んでいた市区町村の窓口に申請します。

申請手続きは、障害のある人の意思表示に基づいて行われていれば、本人が行う必要はありません。委任状や本人の意思を確認する書類なども不要で、代理人が申請しても受け付けてくれます。

サービスの利用について申請前に事業者に相談した場合は、相談支援事業者が申請を代行してくれます。しかし事業者を探せない場合などは、どこに相談すればよいかを窓口に問い合わせてみるのも１つの方法です。

市区町村に提出する申請書類

窓口で提出する書類は、「**支給申請書兼利用者負担減額・免除等申請書**」などの名称で、介護給付費、訓練等給付費、特定障害者特別給付費、地域相談支援給付費の申請に用いられます。

申請者の名前と居住地、障害者手帳を持っている場合はその番号、障害基礎年金１級の受給の有無など、障害のある人の基本的な情報のほか、申請するサービス、主治医の氏名と病院名、利用料に対して適用される軽減措置を記入する欄が設けられています。

支給申請書兼利用者負担減額・免除等申請書

札幌市の例

（18歳以上）

介護給付費・訓練等給付費等支給申請書

（あて先）札幌市　　　区保健福祉部長

次のとおり、介護給付費等の支給決定について申請します。　　　　　令和　　年　　月　　日

申　請　者	フリガナ			生年月日	年　　月　　日
	氏　　名				
	個人番号				
	住　　所	〒 札幌市　　　区		電話番号	

身体障害者手帳	有　・　無	年　月　日交付	障害程度：　　　　種　　　　級
		第　　　　　号	障害種別：肢体・視覚・聴覚・言語・内部
療　育　手　帳	有　・　無	年　月　日交付	障害程度：　A　・　B　・　B－
		第　　　　　号	
精神障害者保健福祉手帳	有　・　無	年　月　日交付	障害程度：　1 級　・　2 級　・　3 級
		第　　　　　号	
難　病　等	疾患名：		

届出者（※申請者と同一の場合は記入不要です。）

届　出　者	フリガナ		申請者との関係	□　代理人
	氏　　名			□　代行人
	住　　所	〒	電話番号	

申請に係る障害福祉サービス等の種類

介護給付費	□　居宅介護（身体介護・通院等介助・通院等乗降介助・家事援助）
	□　重度訪問介護　　□　同行援護
	□　行動援護　　　　□　重度障害者等包括支援
	□　療養介護　　　　　　　　　　　　　　　　　※健康保険証の写しを併せてご提出ください。 （被保険者証の記号及び番号　　　　　保険者名及び番号　　　　　　　　　　　　）
	□　生活介護　　　　□　短期入所
	□　施設入所支援
	【日中活動】（該当するものにチェックをつけてください。） □生活介護・自立訓練（□機能訓練・□生活訓練）・□就労移行支援 ・就労継続支援（□A型・□B型（特定旧法支給者のみ））

訓練等給付費	□ 　共同生活援助 （□　（体験利用）)	□介護サービス包括型（介護提供の希望　有　・　無） □外部サービス利用型（受託居宅介護の希望　有　・　無） □日中サービス支援型 ※体験利用の場合に記載してください。 利用日数　　　　　日 利用期間（　　年　　月　　日～　　年　　月　　日）
	□　自立訓練（機能訓練・生活訓練・生活訓練（宿泊型））	
	□　就労移行支援（養成施設以外・養成施設）	
	□　就労継続支援（A型）　（障害基礎年金 1 級の受給　有　・　無　）	
	□　就労継続支援（B型）　（障害基礎年金 1 級の受給　有　・　無　）	
	□　就労定着支援	
	□　自立生活援助	

移動支援費	□　移動支援（□行動援護の支給決定要件を満たす場合、行動援護の支給申請とする。）
地域相談支援給付費	□　地域移行支援　　□　地域定着支援

障害者総合支援法（2024年4月施行）の主な改正ポイントは?

障害者等の地域生活や就労の支援を強化するために、「障害者総合支援法」は2022年12月に改正され、2024年4月に施行されました。関連する「障害者雇用促進法」「精神保健福祉法」「難病法」なども改正されています。

今回の改正の5つのポイント

障害者総合支援法は、障害者や難病患者などが地域や職場で生きがい・役割を持って、医療、福祉、雇用などの各分野の支援を受けながら、その人らしく安心して暮らすことができる体制の構築を目指したものです。

今回の改正では、障害者総合支援法のそれらの理念がより強化され、障害者などの地域生活や就労の支援の強化等により、障害者等の希望する生活を実現するため、「①障害者等の地域生活の支援体制の充実」、「②障害者の多様な就労ニーズに対する支援及び障害者雇用の質の向上の推進」、「③精神障害者の希望やニーズに応じた支援体制の整備」、「④難病患者及び小児慢性特定疾病児童等に対する適切な医療の充実及び療養生活支援の強化」、「⑤障害福祉サービス等、指定難病及び小児慢性特定疾病についてのデータベースに関する規定の整備等の措置を講ずる」といった改正が行われています。

改正の概要

改正のポイントと関連する法律	具体的な内容
1　障害者等の地域生活の支援体制の充実【障害者総合支援法、精神保健福祉法】	共同生活援助（グループホーム）の支援内容として、ひとり暮らし等を希望する者に対する支援や退居後の相談等が含まれることを、法律上明確化する。（112ページに詳細） 障害者が安心して地域生活を送れるよう、地域の相談支

	援の中核的役割を担う基幹相談支援センター及び緊急時の対応や施設等からの地域移行の推進を担う地域生活支援拠点等の整備を市町村の努力義務とする。など
2　障害者の多様な就労ニーズに対する支援及び障害者雇用の質の向上の推進【障害者総合支援法、障害者雇用促進法】	就労アセスメントの手法を活用した「就労選択支援」を創設するとともに、ハローワークはこの支援を受けた者に対して、そのアセスメント結果を参考に職業指導等を実施する。（114ページに詳細） 雇用義務の対象外である週所定労働時間10時間以上20時間未満の重度身体障害者、重度知的障害者及び精神障害者に対し、就労機会の拡大のため、実雇用率において算定できるようにする。（16ページに詳細）など
3　精神障害者の希望やニーズに応じた支援体制の整備【精神保健福祉法】	家族等が同意・不同意の意思表示を行わない場合にも、市町村長の同意により医療保護入院を行うことを可能とするなど、適切に医療を提供できるようにする。 市町村長同意による医療保護入院者を中心に、本人の希望のもと、入院者の体験や気持ちを丁寧に聴くとともに、必要な情報提供を行う「入院者訪問支援事業」を創設する。　など
4　難病患者及び小児慢性特定疾病児童等に対する適切な医療の充実及び療養生活支援の強化【難病法、児童福祉法】	各種療養生活支援の円滑な利用及びデータ登録の促進を図るため、「登録者証」の発行を行うほか、難病相談支援センターと福祉・就労に関する支援を行う者の連携を推進するなど、難病患者の療養生活支援や小児慢性特定疾病児童等自立支援事業を強化する。　など
5　障害福祉サービス等、指定難病及び小児慢性特定疾病についてのデータベース（DB）に関する規定の整備【障害者総合支援法、児童福祉法、難病法】	障害DB、難病DB及び小児慢性特定疾病DBについて、障害福祉サービス等や難病患者等の療養生活の質の向上に資するため、第三者提供の仕組み等の規定を整備する。　など

出典：厚生労働省「第134回社会保障審議会障害者部会」資料より

グループホームの利用者がひとり 暮らしをする場合の支援が充実

グループホームを退去して、アパートなどでひとり暮らしを希望する利用者に対して、グループホームの事業者は一定期間、相談などの支援を継続することが法律上、明確にされることになりました。

グループホームの利用者がひとり 暮らしを希望する場合の支援

近年、グループホームの利用者は増加しており、その中には、グループホームでの生活の継続を希望する者がいる一方で、アパートなどでのひとり暮らしを希望している人もいます。

これまでは、こうしたひとり暮らしの希望者への支援が行き届かない面がありましたが、今回の法改正で、グループホームの支援内容として、ひとり暮らしも希望する利用者に対する支援や、退居後のひとり暮らしが可能になるように、相談などの支援を行うことが明確化されました。

ただし、グループホームにおける継続的な支援を希望する者については、これまでどおり、グループホームを利用することができます。

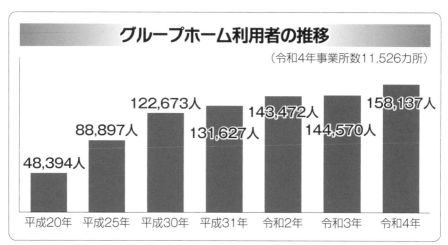

グループホーム利用者の推移

（令和4年事業所数11,526カ所）

- 平成20年　48,394人
- 平成25年　88,897人
- 平成30年　122,673人
- 平成31年　131,627人
- 令和2年　143,472人
- 令和3年　144,570人
- 令和4年　158,137人

※国保連データ

見直し内容

現行の支援内容

・主として夜間において、共同生活を営むべき住居における相談、入浴、排せつ、または食事の介護その他日常生活上の援助を実施。

・利用者の就労先または日中活動サービス等との連絡調整や余暇活動等の社会生活上の援助を実施。

ひとり暮らし等を希望する場合

グループホーム入居中

ひとり暮らしに向けた調理や掃除等の家事支援、買い物などの同行、金銭や服薬の管理支援、住宅確保支援

グループホーム退居後

当該グループホームの事業者が相談等の支援を一定期間継続

障害者の就労を支援する制度がより充実

改正障害者総合支援法では、障害者の就労を支援するために、就労アセスメントを充実させるとともに、短時間労働者に対する実雇用率算定の見直しが行われることになりました。

就労アセスメントの手法を活用した支援の制度化

障害者本人が就労先・働き方についてより良い選択ができるよう、就労アセスメントの手法を活用して、本人の希望、就労能力や適性等に合った選択を支援する新たなサービス（就労選択支援）が新たにスタートしました。あわせて、ハローワークはこの支援を受けた者に対して、アセスメント結果を参考に職業指導等を実施する役割を担うことになりました。

短時間労働でも実雇用率に算定されることになりました

これまで、障害者雇用促進法においては、障害者の職業的自立を促進するという法の趣旨から、事業主に

雇用率制度による算定方法

〈新たに対象となる障害者の範囲〉　週所定労働時間が特に短い（大臣告示で週10時間以上20時間未満と規定予定）精神障害者、重度身体障害者、重度知的障害者

週所定労働時間	30時間以上	20時間以上30時間未満	10時間以上20時間未満
身体障害者	1	0.5	—
重度	2	1	0.5
知的障害者	1	0.5	—
重度	2	1	0.5
精神障害者	1	0.5	0.5

※　一定の要件を満たす場合は、0.5ではなく1とカウントする措置が、令和4年度末までとされているが、省令改正を行い延長予定

雇用義務が課せられているのは、週における所定労働時間が20時間以上の労働者となっていました。しかし、今回の改正で見直され、週所定労働時間が特に短い（大臣告示で10時間以上20時間未満と規定予定）精神障害者、重度身体障害者及び重度知的障害者について、特例的な取り扱いとして、事業主が雇用した場合に、雇用率において算定できるようなりました。

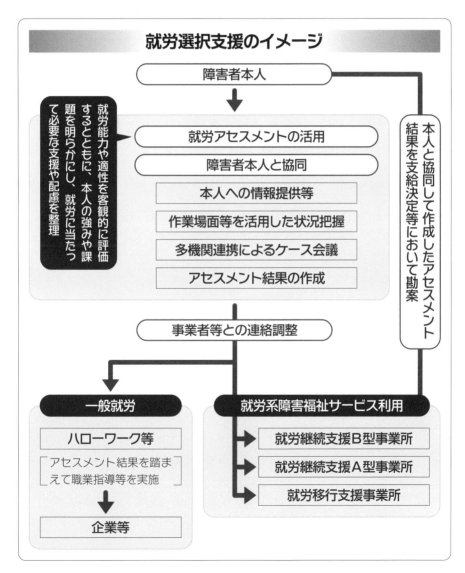

就労選択支援のイメージ

障害者本人

就労アセスメントの活用

障害者本人と協同

本人への情報提供等

作業場面等を活用した状況把握

多機関連携によるケース会議

アセスメント結果の作成

就労能力や適性を客観的に評価するとともに、本人の強みや課題を明らかにし、就労に当たって必要な支援や配慮を整理

本人と協同して作成したアセスメント結果を支給決定等において勘案

事業者等との連絡調整

一般就労

ハローワーク等

アセスメント結果を踏まえて職業指導等を実施

企業等

就労系障害福祉サービス利用

就労継続支援B型事業所

就労継続支援A型事業所

就労移行支援事業所

障害者差別解消法はどのように変わったのですか?

障害者差別解消法の一部改正（令和3年6月4日）によって、令和6年4月1日より、これまで努力義務だった民間事業所などの「合理的配慮の提供」が義務化されました。

「合理的配慮の提供」が民間事業所でも「努力義務」から「義務」へ

平成28年（2016年）4月に施行された「障害者差別解消法」では、障害を理由とする差別として「**不当な差別的取扱い**」及び「**合理的配慮の不提供**」の2つを定めています。

「不当な差別的取扱い」については、国や市区町村といった行政機関でも、会社やお店などの民間事業所でも、同一に義務化されましたが、「合理的配慮の提供」について、行政機関は法定義務とされましたが、民間事業者は努力義務となっていました。

今回の障害者差別解消法の改正では、この民間事業者の合理的配慮の提供にいての「努力義務」が「義務」に変更になりました。

障害者差別解消法の対象

障害者差別解消法における「障害者」とは、障害者手帳を持っている人のことだけではありません。身体障害のある人、知的障害のある人、精神障害のある人（発達障害や高次脳機能障害のある人も含まれます）、その他心や体のはたらきに障害（難病等に起因する障害も含まれます）がある人で、障害や社会の中にあるバリアによって、日常生活や社会生活に相当な制限を受けている人全てが対象です（障害のあるこどもも含まれます）。

●改正後

	行政機関等	事業者
不当な差別的取扱い	禁止	禁止
合理的配慮の提供	禁止	努力義務→義務

「不当な差別的取扱い」と「合理的配慮の不提供」の例

例えば障害のある人が
来店したときに…

| 不当な差別的取扱：禁止 | 合理的配慮の提供：令和6年4月1日から事業者も義務 |

解説
障害のある人に対して、正当な理由なく、障害を理由として、サービスの提供を拒否することや、サービスの提供に当たって場所や時間帯を制限すること、障害のない人には付けない条件を付けることなどは禁止されています。

解説
・障害のある人は、社会の中にあるバリアによって生活しづらい場合があります。
・障害のある人から、社会の中にあるバリアを取り除くために何らかの対応を必要としているとの意思が示されたときには、負担が重すぎない範囲で対応することが求められます。

障害のある方は
入店お断りです

SHOP

来店するときは
家族と一緒に
来てください

ほしい商品があるのですが、目が見えないので売り場がわかりません

それならお求めの商品の
売り場まで案内しますね！

「合理的配慮の提供」に当たっては、障害のある人と事業者が話し合い、お互いに理解し合いながらともに対応案を検討することが重要です。

117

合理的配慮の提供とは

日常生活・社会生活において提供されている設備やサービス等については、障害のない人は簡単に利用できても、障害のある人にとっては利用が難しく、結果として障害のある人の活動などが制限されてしまう場合があります。

このような場合には、障害のある人の活動などを制限しているバリアを取り除く必要があります。このため、障害者差別解消法では、行政機関等や事業者に対して、障害のある人に対する「合理的配慮」の提供を求めています。

合理的配慮の具体例

物理的環境への配慮（例：肢体不自由）

【障害のある人からの申し出】
飲食店で車椅子のまま着席したい。

【申し出への対応（合理的配慮の提供）】
机に備え付けの椅子を片づけて、車椅子のまま着席できるスペースを確保した。

意思疎通への配慮（例：弱視難聴）

【障害のある人からの申し出】
難聴のため筆談によるコミュニケーションを希望したが、弱視もあるため細いペンや小さな文字では読みづらい。

【申し出への対応（合理的配慮の提供）】
太いペンで大きな文字を書いて筆談を行った。

本日は
筆談対応いただき
ありがとうございます

ルール・慣行の柔軟な変更（例：学習障害）

【障害のある人からの申し出】
文字の読み書きに時間がかかるため、セミナーへ参加中にホワトボードを最後まで書き写すことができない。

【申し出への対応（合理的配慮の提供）】
書き写す代わりに、デジタルカメラ、スマートフォン、タブレット型端末などで、ホワイトボードを撮影できることとした。

第5章

20歳になったときの
障害年金
の受け方

公的年金の基本的な知識を身につけておこう

公的年金は一定期間保険料を支払い、一定年齢になったときや保険事故（障害、死亡）が起こったときに年金として受けとる制度です。年金には老齢年金、障害年金、遺族年金と3種類の年金があります。

公的年金は3種類

年金というと高齢になったときの「老齢年金」をイメージしますが、そのほかに、病気やケガなどを負ったときに受給できる「障害年金」、一家の大黒柱が亡くなったときに、遺族が受給できる「遺族年金」の3種類の年金があります。

3種類の年金それぞれに国民年金（基礎年金）と厚生年金があり、国民年金には日本に住む20歳から60歳までの人すべてが加入します。この中で会社員、公務員は国民年金と厚生年金に同時に加入することになります。

国民年金は第1号被保険者から第3号被保険者まで分かれています。第1号被保険者は、自営業、学生などで、自分で国民年金保険料を支払い、将来老齢基礎年金を受給します。

第2号被保険者は会社員、公務員で厚生年金保険料を会社と折半で支払います。年金は老齢厚生年金と老齢基礎年金を2階建てで受け取ることができます。第3号被保険者は第2号被保険者に扶養される配偶者で保険料の納付義務はありませんが、年金は保険料を支払ったものとして老齢基礎年金を受給することができます。

障害基礎年金と障害厚生年金

障害年金には「障害基礎年金」と「障害厚生年金」があります。病気やケガがもとで最初に医療機関の診療を受けた日が、すでに国民年金に加入していた人は障害基礎年金を受給でき、最初に診療を受けた日が厚生年金に加入していた人は、障害厚生年金を受給できます。障害厚生年金を受給する人が障害等級1、2級

に該当すれば、障害基礎年金もあわせて受け取れます。基本的に年金は20歳から加入のため、20歳前に初診日のあるお子さんの場合は年金制度に加入していませんが、「**20歳前の障害基礎年金**」の制度があるため要件を満たした場合、障害基礎年金を受給することができます。

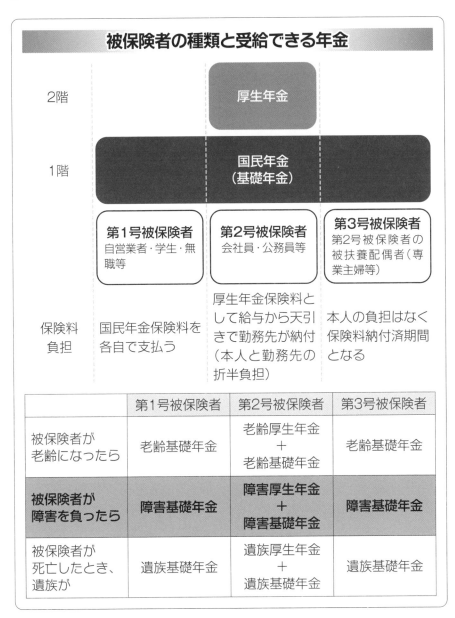

被保険者の種類と受給できる年金

2階		厚生年金	
1階	国民年金（基礎年金）		
	第1号被保険者 自営業者・学生・無職等	**第2号被保険者** 会社員・公務員等	**第3号被保険者** 第2号被保険者の被扶養配偶者（専業主婦等）
保険料負担	国民年金保険料を各自で支払う	厚生年金保険料として給与から天引きで勤務先が納付（本人と勤務先の折半負担）	本人の負担はなく保険料納付済期間となる

	第1号被保険者	第2号被保険者	第3号被保険者
被保険者が老齢になったら	老齢基礎年金	老齢厚生年金 ＋ 老齢基礎年金	老齢基礎年金
被保険者が障害を負ったら	**障害基礎年金**	**障害厚生年金 ＋ 障害基礎年金**	**障害基礎年金**
被保険者が死亡したとき、遺族が	遺族基礎年金	遺族厚生年金 ＋ 遺族基礎年金	遺族基礎年金

障害年金はどんな人がもらえますか？

障害年金を受給するためには、3つの要件があり、そのすべてを満たしていることが必要です。ただし「20歳前の障害基礎年金」は、初診日が国民年金に加入前のため保険料納付要件は問われません。

若い人でも障害年金を受給できる

年金を受給できるのは、高齢者ばかりと思っている人がいますがそうではありません。若い人も要件を満たせば障害年金を受給できます。また、障害年金という言葉から身体の障害を思い浮かべる人もいますが、実際の範囲は広く、うつ病などの精神疾患、がん、糖尿病などでも受給できる可能性があります。お子さんの発達障害、知的障害も受給できる場合があります（20歳になってから）。

お子さんの請求は、親が代理人となってすることもできます。障害年金は書類審査によって決定され、実際に検診などは行われません。そのためきちんと指定された書類を作成して提出することが重要です。

また、障害年金は市区町村で申請する「障害者手帳」とはまったく別の制度です。手帳を持っていても障害年金が認められない人もいますし、手帳を持っていなくても障害年金を受給できる人もいます。

障害年金受給のための3つの要件

障害年金を受給するためには下記の3つの要件すべてを満たしていることが必要です。

①初診日要件

障害の原因となった病気やケガで初めて医師等の診療を受けた日に公的年金に加入していたこと。

②保険料納付要件

初診日の前日まで、保険料納付期間及び保険料免除期間が一定以上あること。

③障害状態要件

障害の認定を行う日（原則、初診日から1年6カ月を経過した日）に障害の等級に該当していること。

ただし、「20歳前の障害基礎年金」の場合、初診日が20歳前にあることが要件となります。この場合、公的年金に加入義務がない年齢なので、保険料納付要件は問われません。

障害基礎年金をもらうための要件

	障害基礎年金	20歳前の障害基礎年金
要件① 初診日 要件	初診日において以下の要件に該当していること ・国民年金の被保険者 ・日本に住んでいる60歳以上65歳未満の人 ・20歳未満の人	20歳前に初診日があること
要件② 保険料 納付要件	下記のアまたはイのどちらかを満たしていること ア．初診日の前日において初診日の前々月までの被保険者期間のうち、保険料納付済期間と保険料免除期間を合わせた期間が3分の2以上あること イ．令和8年3月までに初診日があり、かつ65歳未満の人は、初診日の前日において初診日の前々月までの直近1年間に未納期間がないこと	不要 （保険料納付義務のない、年金制度加入前であるため保険料納付要件は問われない）
要件③ 障害状態 要件	障害認定日において障害等級1級または2級に該当していること	同左 初診日から1年6カ月経過した日が20歳前の場合は20歳に達した日が障害認定日になる

※初診日が厚生年金の被保険者である場合、障害厚生年金が受給できる。障害厚生年金の障害状態要件には1級、2級のほか3級、障害手当金がある
※障害認定日に障害の状態が軽くても、その後、重症化し障害等級に該当した場合、そこから障害年金を受給できる（事後重症請求という）

初診日とは	障害の原因となった、病気やケガなどで、初めて医師または歯科医師の診療を受けた日のこと。同一の病気やけがで転医した場合でも一番初めの医師または歯科医師の診療を受けた日が初診日になる
障害認定日とは	障害の状態を確認する日で、初診日から起算して1年6カ月を経過した日、または1年6カ月以内に傷病が治った場合は治った日（注1）

（注1）傷病が治ったとは、症状が回復し元気な状態ということではなく、症状が固定してこれ以上治療の効果が期待できない状態のことをいう

障害年金を20歳からもらえるのはどんな人ですか?

「20歳前の障害基礎年金」は多くの場合20歳から受給することになりますが、初診日などにより20歳後に受給となる場合もあります。また、20歳前から働いている場合は要件が変わります。

「20歳前の障害基礎年金」の障害認定日

お子さんの障害は国民年金に加入していない20歳前に初診日がある場合が多いと思われます。このようなとき「**20歳前の障害基礎年金**」の対象になります。

障害年金は初診日から1年6カ月後の障害認定日に障害等級に該当する障害状態であることが要件になりますが、「20歳前の障害基礎年金」は初診日が出生日や20歳前であるため、1年6カ月後が20歳前に訪れることが多くあります。この場合20歳に達した日が障害認定日になります。

しかし、20歳近くに初診日がある場合(20歳になっても初診日から1年6カ月たっていない)、初診日から1年6カ月たった日が障害認定日になります。

「20歳前の障害基礎年金」の対象者は、その後就職して厚生年金に加入しても障害厚生年金は受給できません。しかしその厚生年金の保険料は掛け捨てにはならず、老後の老齢厚生年金に反映されます。

そのほか、20歳前に会社員となり厚生年金に加入していたときに初診日があれば、障害厚生年金を受給できます。このとき障害基礎年金の等級に該当していれば障害基礎年金を合わせて受給することができます。

「20歳前の障害基礎年金」の初診日

初診日はとくに注意が必要です。先天性の知的障害の場合は原則、出生日ですが、先天性心疾患は具体的な症状があらわれて、初めて診療を受けた日になれます。

発達障害(アスペルガー症候群・高機能自閉症など)の初診日は、初

めて受診した日ですが、20歳以降であれば「20歳前の障害基礎年金」の対象ではなく、一般の障害基礎年金の対象になります。

お子さんが発達障害かと思われるが、よくわからないという場合もあります。その場合は、20歳の誕生日の前に一度病院の診察を受けてみることです。「20歳前の障害基礎年金」は20歳前に初診日があることが必要だからです。

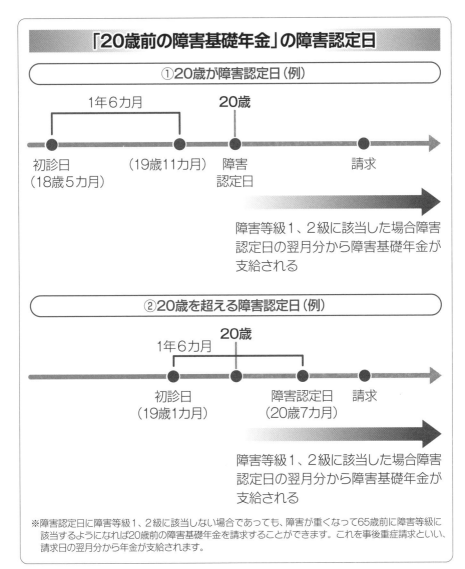

「20歳前の障害基礎年金」の障害認定日

①20歳が障害認定日（例）

1年6カ月

20歳

初診日
（18歳5カ月）　（19歳11カ月）　障害
認定日　　　　　　　請求

障害等級1、2級に該当した場合障害認定日の翌月分から障害基礎年金が支給される

②20歳を超える障害認定日（例）

1年6カ月　20歳

初診日
（19歳1カ月）　障害認定日
（20歳7カ月）　請求

障害等級1、2級に該当した場合障害認定日の翌月分から障害基礎年金が支給される

※障害認定日に障害等級1、2級に該当しない場合であっても、障害が重くなって65歳前に障害等級に該当するようになれば20歳前の障害基礎年金を請求することができます。これを事後重症請求といい、請求日の翌月分から年金が支給されます。

年金額は障害の程度で決まる

障害基礎年金には1級と2級があり、障害厚生年金は、1級から3級、及び障害手当金があります。障害基礎年金の年金額は定額ですが、障害厚生年金は、支払った保険料や加入月数によって個々に違う金額になります。

障害年金の種類

障害年金はその症状が一番重いものを1級、次に重いものを2級といいます。障害基礎年金、障害厚生年金とも1、2級認定の基準は同じですが、障害厚生年金にはさらに3級と障害手当金（一時金）があります。

障害年金は傷病によって、これくらいであれば何級という「**障害認定基準**」が定められています。おおまかにいえば、常にだれかの援助がなければ日常生活を送ることができない場合が1級、日常生活に大きな支障が出ている場合が2級などです。

また、「障害認定基準」には傷病ごとに基準が定められており、多くは請求前におおよそ何級に該当するか確認できますが、確実に認定基準に該当しているか、請求してみないとわからないものも多くあるのが現状です。

障害年金の金額

障害基礎年金の年金額は、2級は816,000円（2024年度金額）です。1カ月あたり68,000円になります。1級はその1.25倍で1,02,000円です。年金額は物価変動等により毎年改定されます。また、障害基礎年金には18歳未満の子（障害1、2級の子は20歳まで）がいる場合、加算額がつきます。

障害厚生年金は、給与や賞与の額などで納める保険料の額が変わるため、受給する年金も平均給与や加入した月数によって個々に違います。障害厚生年金には配偶者がいると条件により加給年金がつきます。

障害年金は老齢の年金と異なり非課税で所得税はかかりません。

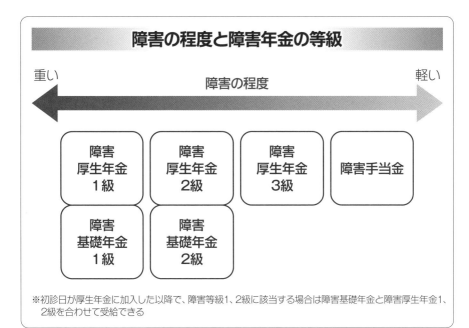

障害の程度と障害年金の等級

重い ←　障害の程度　→ 軽い

| 障害厚生年金1級 | 障害厚生年金2級 | 障害厚生年金3級 | 障害手当金 |
| 障害基礎年金1級 | 障害基礎年金2級 | | |

※初診日が厚生年金に加入した以降で、障害等級1、2級に該当する場合は障害基礎年金と障害厚生年金1、2級を合わせて受給できる

障害年金の年金額

（令和6年度金額）

●障害基礎年金

1級	1,020,000円（2級の1.25倍の額）
2級	816,000円

※障害基礎年金には18歳未満の子（障害の子は20歳まで）がいる場合、「子の加算額」（2人目までは1人につき234,800円、3人目からは1人につき78,300円）がある
※2019年10月1日より年金生活者支援給付金制度が始まり、障害基礎年金を受けていて、前年所得額が［4,621,000円＋扶養親族数×38万円以下］の人は、障害等級1級＝6,638円／月・障害等級2級＝5,310円／月が支給されます。

●障害厚生年金

障害等級	年金額
1級	報酬比例部分の年金額×1.25倍
2級	報酬比例部分の年金額
3級	報酬比例部分の年金額 （最低保障額612,000円）
障害手当金 （一時金）	報酬比例部分の年金額の2倍 （最低保障額1,224,000円）

※障害厚生年金受給者で1級、2級の人は基本的に障害基礎年金が合わせて支給される。
※障害厚生年金1、2級には配偶者がいる場合加給年金（234,800円）が加算される。

就労すると障害年金は
どうなりますか?

障害年金は、就労を理由に停止されることはありません。ただし、日常生活の状態が判断の基準になるため、日常生活への影響などが正確に記入された書類の提出が必要です。

仕事をしていても
障害年金はもらえる

仕事をすると障害年金をもらえなくなるのではないかと不安を抱かれる方がいます。障害年金には仕事をしていたとき、支給停止になるとの規定はありませんし、実際に障害年金をもらいながら働いている人もいます。ただ、障害の内容によって注意が必要です。手足の障害や体幹機能の障害は検査数値や動作制限の程度により判断されるため働いても多くの場合影響を受けません。

しかし、精神疾患の場合、就労の可否が審査に大きく反映される傾向があります。平成28年に示された「精神の障害に係る等級判定ガイドライン」にも考慮事項として就労状況が含まれています。この中で、「仕事の種類、内容、就労状況、仕事場で受けている援助の内容、ほかの従業員との意思疎通の状況などを十分確認したうえで日常生活能力を判断する」と規定されています。

このため就労していても適切に審査されるためには、「診断書」「病歴・就労状況等申立書」に就労状況に関して日常生活への影響など、正確に記入して提出することが重要です。

「20歳前の障害基礎年金」は
所得制限がある

通常、障害年金を受けるあいだ、ほかの所得があっても年金が減らされることはありませんが、「20歳前の障害基礎年金」は所得制限があります。これは、保険料を全く納めていなくても受給できる年金であるためです。所得制限とは受給者本人の年間所得が一定額以上あるとその年の8月から翌年の7月までの間、半額または全額が支給停止されることです。（具体的には右ページ参照）

障害年金に該当する障害の程度 （障害認定基準）

障害基礎年金 障害厚生年金 1級	日常生活に著しい支障があり、他人の介助が必要な状態。身の回りのことはかろうじてできるが、それ以上のことはできない ・例えば、病院内の生活でいえば活動の範囲がおおむねベッド周辺に限られるものであり、家庭内の生活でいえば活動範囲がおおむね就床室内に限られるもの
障害基礎年金 障害厚生年金 2級	日常生活に支障があり、他人の介助は必ずしも必要ではないが、日常生活に著しい制限を受ける。 ・例えば、病院内の生活でいえば活動範囲がおおむね病棟内に限られるものであり、家庭内の生活でいえば活動範囲がおおむね家屋内に限られるもの
障害厚生年金 3級	労働が著しい制限を受けるか、または労働に著しい制限を加えることを必要とする程度のもの（「傷病が治らないもの」に関しては傷病手当金に該当する障害の状態の場合3級に該当する）
障害手当金	「傷病が治ったもの」であって労働が制限を受けるかまたは労働に制限を加えることを必要とする程度のもの。3級よりやや軽い障害が残った状態

「20歳前の障害基礎年金」が支給停止される場合

前年の所得に応じてその年の8月から翌年の7月まで支給が停止される

受給者の年間所得	障害年金
3,704,000円以下	全額支給
3,704,000円を超え 4,721,000円以下	半額停止
4,721,000円を超えた時	全額停止

※扶養家族がいるときは上記の額に扶養家族1人につき38万円を加算した額が所得制限額になる。

その他下記の場合停止される

・労災保険の給付を受けるとき
・日本国内に住所を有しないとき
・少年院等の施設に拘禁されているとき
・有罪により刑事施設等に拘禁されているとき

障害認定には「永久認定」と「有期認定」がある

障害年金は「永久認定」と「有期認定」があり、「有期認定」の場合、障害状態の確認のため、受給後、1～5年ごとに診断書の提出が必要です。審査の決定に不服のある時は「審査請求」「再審査請求」ができます。

「永久認定」「有期認定」とは

障害年金の決定後、症状が変わらないような場合は「永久認定」とされ、その後診断書の提出は求められません。しかし、病状確認が必要とされたものは「有期認定」とされ、1～5年ごとに更新となります。更新するには診断書の提出が必要です。有期認定とされた場合、「障害状態確認届」という診断書の用紙が送られてきます。

診断書を医師に作成してもらい誕生月の末までに提出するのですが、提出が遅れたり、提出しなかったりすると年金が止まってしまうため注意が必要です。請求したときと更新の際の診断書を書いてもらう医師が変わった場合などは特に注意が必要です。更新の診断書の提出は慎重に確認しましょう。

不服があれば審査請求ができる

初回の審査、及び更新の審査結果に対して、不支給の通知が届いたり、支給決定であっても、決められた障害等級に納得がいかない場合は、住所地管轄の社会保険審査官に「審査請求」することができ、その決定にも納得できないときは、厚生労働省の社会保険審査会に対して「再審査請求」をすることができます。

また、障害状態が悪化した場合、現在の等級から上の等級への「額の改定請求」ができます。これは、年金の受給権を取得した日、または日本年金機構の審査を受けた日から、1年経過後に行うことができるとされていますが、現在は厚生労働省が定めた「障害の程度が増進したことが明らかな場合」は1年以内であっても請求が可能になりました。

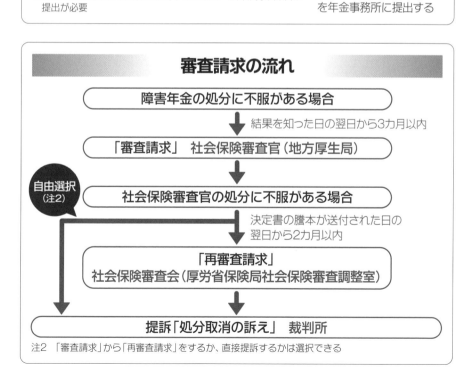

障害認定には有期認定と無期認定がある

【症状が変わらないような障害の場合】
永久認定

状態確認のための診断書の提出不要(注1)

【状態の確認が必要な場合】
有期認定(1年〜5年ごと)

障害状態確認届(医師記載の診断書)の提出が必要

等級変更なし

「次回の診断書の提出について」が送付される

等級変更あり

「国民年金・厚生年金保険支給額変更通知書」が送付される

支給停止

「支給停止のお知らせ」が送付される

次回の更新

注1　以下の人は毎年書類の提出が必要
①個人番号の登録で生存確認できない人→現況届の提出が必要
②加給年金の対象者(配偶者又は子)がいる人→生計維持確認届の提出が必要

65歳までの間に再び障害が重くなった場合は「老齢・障害給付受給権者支給停止事由消滅届」と「診断書」を年金事務所に提出する

審査請求の流れ

障害年金の処分に不服がある場合

結果を知った日の翌日から3カ月以内

「審査請求」　社会保険審査官(地方厚生局)

自由選択
(注2)

社会保険審査官の処分に不服がある場合

決定書の謄本が送付された日の翌日から2カ月以内

「再審査請求」
社会保険審査会(厚労省保険局社会保険審査調整室)

提訴「処分取消の訴え」　裁判所

注2　「審査請求」から「再審査請求」をするか、直接提訴するかは選択できる

「20歳前の障害基礎年金」の請求のしかた

「20歳前の障害基礎年金」を請求するには、20歳前に初診日があったことを証明することが必要です。20歳前であっても請求のため準備しておきましょう。

市区町村役場または年金事務所に相談に行く

「20歳前の障害基礎年金」は20歳時、またはその後に請求することになりますが、最初に居住地の市区町村役場または年金事務所で相談し提出書類の説明を受けます。

最初にしなければならないのは、初診日が20歳より前にあることの証明のために、「受診状況等証明書」の作成を初診日の病院に依頼します。診断書を作成してくれる病院と初診日の病院が同じであれば不要ですが、異なる場合、初診日の病院から証明書類として「受診状況等証明書」を作成してもらう必要があります。ただしカルテの保存義務は通常5年のため、すでにカルテが破棄されてなかったり、廃院していることがあります。初診日の病院で、「受診状況等証明書」を作成できないときは、その次にかかった病院に「受診状況等証明書」の作成を依頼します。そのうえで、作成できない病院については「受診状況等証明書が添付できない申立書」を自身で作成し、初診日の証明となる書類（診察券等）の有無を確認しましょう。

20歳前に準備できる場合

「20歳前の障害基礎年金」は20歳前に初診日があることが条件であるため、その子が20歳前であっても病院で発達障害などの診断を受けている場合は、その病院で「受診状況等証明書」を書いておいてもらうと、20歳のとき、請求がスムーズに進みます。それができない場合でも、医師に事情を話してカルテのコピー等をもらい保管しておきます。

「20歳前の障害基礎年金」に必要な書類

①年金手帳・基礎年金番号通知書	提出できないときは、その理由書が必要
②年金請求書（請求者が記入）	住所地の市区町村役場、または年金事務所で入手できる
③医師の診断書（医師が記入）	障害認定日の前後3か月以内に作成されたもの（障害状態を確認する日が20歳に達している場合は、20歳に達した日の前後3か月以内に作成されたもの）。障害認定日と年金請求日が1年以上離れている場合は、直近の診断書も併せて必要となる
④受診状況等証明書（医師が記入）	初診日の医療機関と診断書を作成した医療機関が異なる場合、初診日確認のため必要
⑤病歴・就労状況等申立書（請求者が記入）	発病から初診までの経過とその後の受診状況と就労状況について記入。障害状態を確認するための補足資料
⑥戸籍抄本又は住民票	本人の生年月日について明らかにすることができる書類（注1）。ただし請求書にマイナンバーを記入することにより添付省略可
⑦受取先金融機関の通帳等（本人名義）	カナ氏名、金融機関名、支店番号、口座番号が記載された部分を含む預金通帳またはキャッシュカード（写しも可）等。請求書に金融機関の証明を受けた場合は添付不要
⑧所得証明書	「20歳前の障害基礎年金」請求の場合、本人の収入の確認のため添付必要
⑨印鑑	認印可

その他、状況に応じて必要な書類があります。

（注1）障害認定日による請求の場合は、障害認定日以降かつ請求日以前6カ月以内、事後重症による請求の場合は、請求日以前1カ月以内のものを添付する。

●初診日の証明として認められる可能性のある書類

- ・身体障害者手帳、療育手帳、精神障害者保健福祉手帳
- ・身体障害者手帳等の申請時の診断書
- ・生命保険・損害保険・労災保険の給付申請時の診断書
- ・事業所等の健康診断の記録
- ・母子健康手帳
- ・健康保険の給付記録（レセプトを含む）
- ・お薬手帳、糖尿病手帳、領収書、診察券（可能な限り診察日や診療科がわかるもの）
- ・小学校・中学校等の健康診断の記録や成績通知表
- ・盲学校・ろう学校の在学証明・卒業証書
- ・その他客観的な証明になりうるもの

※初診日を証明する文書が何もない場合、「第三者証明」による方法も残されている。

「診断書」の依頼は
どのようにしますか?

「受診状況等証明書」が準備できたら、次は医師に「診断書」の作成を依頼します。「診断書」は障害認定の審査において最も重要な書類です。正確に作成してもらえるように依頼することが必要です。

医師に診断書の作成を依頼する

「受診状況等証明書」の準備ができたら、次に障害認定日に診療を受けている医師に「受診状況等証明書」を確認してもらい「診断書」の作成を依頼します。

先に「受診状況等証明書」が必要なのは、診断書に初診日の記入が必要だからです。この診断書は障害認定日から3カ月以内の状態がわかるものとなっていますが、「20歳前の障害基礎年金」の場合は、障害認定日の前後3カ月以内の状態がわかる診断書となっています。そのほか、障害認定日から1年以上経過してから請求する場合や、障害認定日には障害1、2級に該当しない場合でも、その後65歳までの間に重くなって障害等級に該当するようになった場合などは、診断書を作成する時期が変わります。

障害認定に必要な診断書は8種類あり、お子さんの病名に合わせた診断書を市区町村役場、または年金事務所で渡してくれます。病気が複数にわたる場合は複数枚提出が必要なこともあります。

診断書の内容が重要

障害年金の決定は、日本年金機構が書類審査により行います。請求書の提出後、確認のための診察等は行われません。そのため診断書は審査の決め手になる重要な書類です。

例えば精神の障害の場合、「日常生活能力」が特に重視されています。判定にあたっては「単身で生活するとしたら可能かどうかで判断」と規定されていますが、医師とよくコミュニケーションがとれず、「一人でもなんとかできる」などと答えてし

まい、実際の判定より軽く判定される場合が多くあります。もちろん実際の症状より重く記載してもらうことはできませんが、正しい判定をしてもらうよう、お子さんが日常生活でどんな不便を感じているか、どんな症状がどのくらいの頻度で起きるかなどをメモなどにまとめておいてから、診断書作成の医師に伝えることも必要です。

診断書の種類

様式番号	診断書
様式120号の1	眼
様式120号の2	聴覚、鼻腔機能、そしゃく、嚥下機能、言語機能
様式120号の3	肢体の障害用
様式120号の4	精神（精神障害・知的障害）の障害用
様式120号の5	呼吸器疾患
様式120号の6-（1）	循環器疾患
様式120号の6-（2）	腎疾患、肝疾患、糖尿病
様式120号の7	血液・造血器、その他

提出する診断書と支給開始日

提出する診断書と支給開始日／請求方法	提出する診断書		支給開始日
	障害基礎年金障害厚生年金	20歳前の障害基礎年金	
認定日請求（障害認定日から1年以内に請求する場合）	障害認定日以降3カ月以内の状態がわかるもの	障害認定日の前後、3カ月以内の状態がわかるもの。（障害認定日が20歳に達した日の場合は、20歳に達した日の前後3カ月以内の状態がわかるもの）	障害認定日のある月の翌月分から支給される
遡及請求（障害認定日から1年経過後に請求する場合）	認定日請求の診断書（上記）と請求日以前3カ月以内の状態がわかる診断書の2枚が必要		障害認定日のある月の翌月分から支給される（請求日からさかのぼって5年分まで支給される）
事後重症請求（注1）	請求日以前3カ月以内の状態がわかる診断書		請求日のある月の翌月分から支給される

（注1）障害認定日には障害等級に該当しないが、その後、65歳までに障害に達した場合を「事後重症」という。

本人や家族が書く
「病歴・就労状況等申立書」

「病歴・就労状況等申立書」は医師ではなく、請求者（または代理人）が書くもので、診断書と並んで重要な提出書類です。お子さんの日常生活を一番よくわかっている家族がていねいに書く必要があります。

「病歴・就労状況等申立書」の作成

診断書と並んで重要な書類が「病歴・就労状況等申立書」です。これは障害の原因となった病気やケガに関して、発病したときから現在までの経過を請求者本人または代理人が記入する書類です。診断書では伝えきれない、日常生活でどのような支障があるか、などを伝えるための重要な書類です。診療の履歴、治療の経過、日常の生活状態を正確に記入します。

「病歴・就労状況等申立書」は初診日から現在までの日常生活状況、就労状況等を記載します。注意する点は、治療をしていなかった期間も治療を受けていなかった理由とその期間の生活状態を書き、期間に空白がないようにすることです。

覚えていないからと言って10年、20年まとめて書くようなことはしないで、3〜5年の期間に区切って書くようにしましょう。

日常生活を一番わかっているのは医師ではなく家族

診断書の内容が審査のうえで重要なことはもちろんですが、日常生活の状態を診断書のスペースにすべて書くことはできません。「病歴・就労状況等申立書」には、診断書で説明できない生活状況を記載します。お子さんの日常生活の状態を一番よくわかっているのは、お子さん本人とそのご家族だからです。

ただ、「病歴・就労状況等申立書」には内容を客観的に、具体的に記入することです。自分がどう感じたかなどの感想ではなく、実際どんなことがあったかなどを具体的に書きます。この書類も診断書と合わせて重要な審査資料となります。

障害年金請求書と合わせて提出する書類

●受診状況等証明書

年金等の請求用

障害年金等の請求を行うとき、その障害の原因又は誘因となった傷病で初めて受診した医療機関の初診日を明らかにすることが必要です。そのために使用する証明書です。

受 診 状 況 等 証 明 書

① 氏　　　　　名 _____

② 傷　　病　　名 _____

③ 発 病 年 月 日　昭和・平成　　　年　　　月　　　日

④ 傷病の原因又は誘因 _____

⑤ 発病から初診までの経過

●診断書（精神の障害用）

（精）国民年金 厚生年金保険	診　断　書（精神の障害用）	様式第120号の4

（フリガナ）氏　名　　　　　　　　生年月日　昭和・平成　　年　　月　　日生（　歳）　性別　男・女

住　所　　住所地の郵便番号　　　都道府県　　　郡市区

① 障害の原因となった傷病名　　ICD-10コード

② 傷病の発生年月日　昭和・平成　年　月　日　　診療録で確認 本人の申立て（　年　月　日）　本人の発病時の職業

③ ①のため初めて医師の診療を受けた日　昭和・平成　年　月　日　　診療録で確認 本人の申立て（　年　月　日）　④既存障害

⑥傷病が治った（症状が固定した状態を含む。）かどうか　平成　年　月　日　確認 推定　症状のよくなる見込み・・・ 有・無・不明　⑤既往症

⑦ 発病から現在までの病歴及び治療の経過、内容、就学・就労状況等、期間、その他参考となる事項　　陳述者の氏名　　請求人との続柄　　聴取年月日　　年　月　日

「診療録で確認」または「本人の申立て」のどちらかを○で囲み、本人の申立ての場合は、それを聴取した年月日を記入してください。

●病歴・就労状況等申立書

病歴・就労状況等申立書　　No.　　―　　枚中

（請求する病気やけがが複数ある場合は、それぞれ用紙を分けて記入してください。）

病歴状況	傷病名
発病日　昭和・平成　　年　　月　　日	初診日　昭和・平成　　年　　月　　日

記入する前にお読みください。
○ 次の欄には障害の原因となった病気やけがについて、発病したときから現在までの経過を年月順に期間をあけずに記入してください。
○ 受診していた期間は、通院期間、受診回数、入院期間、治療経過、医師から指示された事項、転医・受診中止の理由、日常生活状況、就労状況などを記入してください。
○ 受診していなかった期間は、その理由、自覚症状の程度、日常生活状況、就労状況などについて具体的に記入してください。
○ 健康診断などで障害の原因となった病気やけがについて指摘されたことも記入してください。
○ 同一の医療機関を長期間受診していた場合、医療機関を長期間受診していなかった場合、発病から初診までが長期間の場合は、その期間を3年から5年ごとに区切って記入してください。

昭和・平成　年　月　日から	発病したときの状態と発病から初診までの間の状況（先天性疾患は出生時から初診まで）

請求から支給までの流れはどのようなものですか?

提出書類がそろったら、「20歳前の障害基礎年金」の場合、書類を市区町村へ提出します。約3カ月後に支給または不支給の決定書類が届き、決定の場合はそれから約50日後に最初の振り込みがあります。

請求書類の提出

医師に作成してもらう「**受診状況等証明書**」「**診断書**」、本人または代理人が作成する「**病歴・就労状況等申立書**」がそろったら、障害年金請求書を作成し、添付書類と合わせて市区町村（障害厚生年金は住所地の年金事務所）へ提出します。

市区町村の窓口では、提出書類の内容を確認したうえで受け取ります。不足の書類、記入漏れなどがあると何度も通わなければならない場合があり、その分審査が遅れ結果までの時間が多くかかってしまいます。なるべく一度で済むように、最初、市区町村で相談するとき、よく確認しておきましょう。

請求から振り込みまで通常5カ月かかる

請求書を提出後、日本年金機構で審査があり、障害年金の支給が決定された場合、約3カ月から3カ月半後に「**年金証書・年金決定通知書**」が届きます。これには年金の種類、受給権を取得した年月、年金額、次回の診断書の提出日などが書かれています。

それから約50日後に請求時に指定した口座に初回の障害年金が振り込まれます。障害年金を受け取ることができない決定が出た場合、書類提出の約3カ月から3カ月半後に「**不支給決定通知書**」が送付されます。

支給、不支給にかかわらず記載されている内容をよく確認してください。不支給の場合だけでなく、支給決定されていても実態より低い等級で決定されていて納得がいかないときは、「審査請求」（123ページ参照）を行うこともできます。

請求から支給までの流れ

①傷病名と初診日を確定する

　初診日がいつだったか、その時点でどの年金制度に加入していたか確認する

②請求先の窓口で相談する

　初診日に加入していた年金制度が国民年金ならば市区町村役場（厚生年金ならば近くの年金事務所）に相談し受給要件を確認する。また、障害給付の年金請求書、診断書、受診状況等証明書、病歴・就労状況等申立書などの書類を受け取る

③必要な書類をそろえる

　相談窓口でもらった書類を記入し、医師などに診断書の作成を依頼する。また、その他の必要添付資料を用意する

④「年金請求書」を窓口に提出する

　すべての書類をそろえて市区町村役場（障害厚生年金は近くの年金事務所）に提出する。日本年金機構で障害状態の確認や障害年金の決定に関する審査が行われる

約3カ月後
（障害厚生年金は約3カ月半後）

⑤「年金証書・年金決定通知書」が自宅に届く

　障害年金が受け取れる場合は日本年金機構から「年金証書・年金決定通知書」などが届く。障害年金が受け取れない場合は「不支給決定通知書」が送付される。審査に納得がいかない場合は、「不服申立て」（審査請求）を行うことができる

約50日後

⑥年金振込みがスタート

　年金請求時に指定した口座へ、偶数月に前月と前々月分の2カ月分が振り込まれる

親が死亡したとき
遺族年金がもらえる場合

親が死亡したとき
遺族年金がもらえる

公的年金には、老齢年金、障害年金のほかに一家の大黒柱が亡くなったときなど、残された遺族の生活保障として遺族年金があります。

遺族年金は、父母のどちらかが亡くなった場合、残された親が受給しますが、単親世帯で親が亡くなった場合は、子どもが受給することになります。

遺族年金には国民年金に加入している人や老齢基礎年金を受給している人が亡くなったとき受給できる遺族基礎年金と、厚生年金に加入している人や老齢厚生年金を受給している人が亡くなったときに受給できる遺族厚生年金があります。

受給できる範囲は遺族厚生年金が配偶者、子ども、その他一定の遺族と広いのですが、遺族基礎年金は子どものいる親、または子どものみが受給できる年金です。

障害の子の遺族基礎年金は
20歳前でもらえる

お子さんが受ける場合、親が死亡したときから18歳の年度末まで受け取ることができますが、障害等級1級または2級のお子さんは20歳の誕生日まで受給できます。このお子さんは基本的に20歳から「20歳前の障害基礎年金」を受けることになるため、空白の期間がなく、年金を受給することができます。

家族に万が一の場合、遺族年金があることも覚えておきましょう。

●遺族年金の受給者と年金額

	受給できる人	年金額	加算金
遺族基礎年金	子のある配偶者または子	816,000円（令和6年度金額）	子の人数により加算額がある
遺族厚生年金	配偶者・子・その他一定の親族	死亡した人の平均給与や厚生年金加入月数等によって計算される	妻にのみ条件により加算額がある

第6章

親が
亡くなった
あとわが子は
どうなるか?

親なきあと、障害のある子をだれに託すか？

障害のある子をもつ親にとって、自分たちが亡きあと、自立が難しい子どもをだれに託すかは重要な問題であり、悩みの源でもあります。子どもにきょうだいがいる家族といない家族によって、託し方は異なります。

障害のある子にきょうだいがいる場合の託し方

障害のある子にきょうだいがいて、その子に行く末を託したいという場合は、親が生きている間に、きょうだいを**成年後見人**に指名する手続き（170ページ参照）をしたり、きょうだいと**信託契約**を結び、障害の子に生活費がわたるしくみにしておく方法もあります。

このような制度を活用しなくても、きょうだいなら最善の支援をしてくれるに違いないと親は思いがちです。しかし、障害のある子の財産をきょうだいが流用してしまうといったケースは少なくありません。親は、自分たちがなきあと障害の子がどこに住むか、日々の生活への支援はどうするか、お金はどうするかなど、きょうだいとよく話し合い自分たちの気持ちを理解してもらうことが大切です。

障害のある子にきょうだいがいない場合の託し方

障害のある子にきょうだいがいない場合、おいやめいを成年後見人に指名することもよくありますが、頼れる近親者がいない場合は、弁護士や司法書士、社会福祉士などの専門職を成年後見人に指名し、財産の管理などを依頼する方法があります。

また、障害の子がひとりで暮らしていくことができないようなら、親が元気なうちに障害者総合支援法による**共同生活支援**（グループホーム）や、**施設入所支援**サービスを利用し親と離れた生活をスタートさせる方法も有効です。親なきあとは、障害の子が世話になっている事業者に相談し、成年後見制度や信託契約などを利用しながら、その事業者に支援を託すのが、現在では、もっとも現実的で一般的な方法でしょう。

親なきあと、障害のある子を託すケース

障害のある子にきょうだいがいるか？

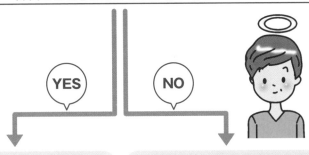

YES / NO

託す人

- きょうだい
- 専門職後見人（弁護士・司法書士・社会福祉士など）

利用する公的サービス

- とくに公的サービスは利用しない（信頼のおけるきょうだいがいれば、障害のある子に最善のサポートをしてくれるように言いのこす）
- 成年後見制度
- 信託契約制度

託す内容

- 障害のある子への日々の生活支援
- 障害のある子の財産の管理
- 障害のある子の住まいへの支援
- 公的機関との窓口
- 申請書などの代理提出

託す人

- 近親者（おい・めいなど）
- 血縁関係のない知り合い
- 障害のある子が支援を受けている事業所
- 専門職後見人（弁護士・司法書士・社会福祉士など）

利用する公的サービス

- 成年後見制度
- 信託契約制度

託す内容

- 障害のある子への日々の生活支援
- 障害のある子の財産の管理
- 障害のある子の住まいへの支援
- 公的機関との窓口
- 申請書などの代理提出

家族で話し合っておくことの大切さ

親を安心させるために、「あとは、わたしに任せて」ときょうだいは言ってくれがちです。頼もしく感じますが、深い考えもなく口にしていることもあります。何を任せられるのか話し合っておくことが大切です。

「わたしが面倒みるわ」は親が一番ほっとする言葉

きょうだいがいる場合、彼らに障害のある子を任せられるか、仮に任せられても彼らに大きな負担をかけてしまうのではないか……と悩みが深まります。そんな親の気持ちをよく知るきょうだいは「お父さん、お母さんが亡くなったあと、○○のことはぼくたち、わたしたちに任せて」と親を安心させる言葉を投げかけてくれることが多いものです。

親にとっては何よりも頼もしい言葉でしょう。もちろん、きょうだい側からみたら、親を安心させたいとの願いから発した言葉で、嘘偽りのない心情だと思われます。

ただ、きょうだいがまだ若い場合、「どのように面倒をみるか」具体的なイメージをもたないまま口にしていることも多いのも事実でしょう。

「面倒をみる」はいろんな意味で使われる

「面倒をみる」には、いろいろな意味があります。ざっとあげても、①同居して生活全般の世話をする、②ひとり暮らしの支援をする、③入所施設の手続きをする、④財産の管理をする、⑤病院の付き添いなどをする、⑥障害者サービス・介護保険サービスの窓口になる、などが考えられ、「面倒をみる」のレベルにはずいぶん差があります。

親は「同居して世話をしてほしい」と願っているのに、きょうだいは財産の管理は手伝ってもいい、という程度にしか考えていないかもしれません。そこに親と、きょうだいの思いに違いが生じやすいので、親が元気なうちに、親ときょうだいが話し合い、同じ思いを共有することが大事です。

親ときょうだいで大まかに確認しておきたいこと

障害のある子の知的能力・生活能力によってサポートのレベルは大きく違います。兄・姉のいる子の選択肢を紹介します。

①○○さん（障害のある子）は将来どこに住むのがよいか？

□実家にひとりで住み続ける

□兄または姉の家に同居する

□兄または姉の近所に住み支援を受けながらひとり暮らしをする

□グループホームなどで暮らす

②支援のキーパーソンはだれになるか？

□兄

□姉

③財産の管理はどのようにするか？

□兄または姉（キーパーソン）が相続財産を管理する

□兄または姉が成年後見人になって管理する

□成年後見人を専門職に依頼し管理してもらう

□信託制度を利用する

④障害のある子の財産は将来どのように、だれに相続させるか？

□法定相続に従う

□障害のある子に相続させた財産は、子の亡きあと、生涯世話になった施設に寄付してもらう

「障害のある子に多く残す」は、よく考えて

障害のある子に多くの財産を残さないと不安、と感じる親は少なくありません。それよりも、少ないお金でもそれを使って安心して暮らせるしくみがあることを知っておくことが大切です。

「お金を残せば安心」と思う親は多いが……

親なきあと、自立できないわが子のために、1円でも多く残そうとする親は少なくないでしょう。ただ漠然と「お金を残しさえすれば、親なきあとは安泰」と考えがちですが、いくつかの誤解があります。

1つは、親なきあと、自立できないわが子の場合、一般的なケースであれば、生活に大きなお金は必要ないということです。障害年金を受給できる人であれば、グループホームなどで生活する場合や、高齢になって介護保険施設に入所する場合でも、年金収入を大きく超える出費はありません。まったくお金を残さないのは不安ですが、大きなお金を残さなくても、障害者が生活を維持していける社会保障制度があることを知っておきましょう。

2つめは、大きな財産を残したとしても、自立できないわが子にはその財産を活用するのは困難だということです。日常生活品を購入できる人でも、預貯金を下ろしたり、税金を払ったり、家賃を払ったりなどの経済行為は難しいでしょう。

そして3つめは、大きな財産を相続することで、逆に障害のある子がトラブルに巻き込まれるケースが考えられることです。見ず知らずの人間から欺される心配もありますし、近親者から借金を申し込まれトラブルに発展することもあります。きょうだいのなかには、障害のある子に親の愛情が偏っていたことを長年不満に思っていて、自分はその分、多く相続してもよいと考える人もいるようです。

生前に「親なきあと」の準備を

親が生前しておきたいのは、財産をたくさん残すことよりも、少ない財産でもよいので、そのお金を使って障害のあるわが子が快適に過ごせるように準備しておくことです。それには、頼れるきょうだいがいれば、そのきょうだいを成年後見人として申し立てたり、親の気持ちが伝わるような遺言を残したりすることで、きょうだいなどの親族にわが子を託すことも考えられます。

きょうだいなどの親族がない場合は、弁護士や司法書士、社会福祉士などの専門職に後見人を依頼し親なきあとを託す方法もあります。

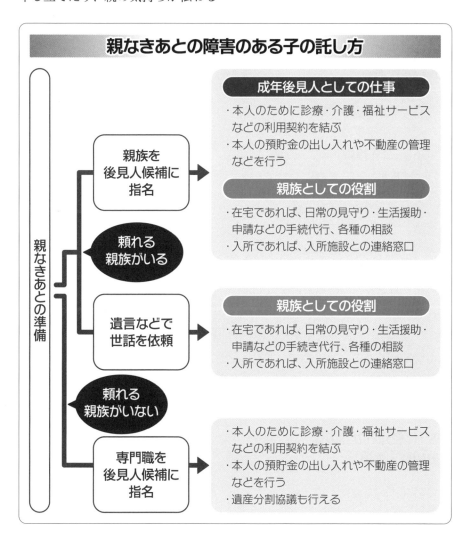

親なきあとの障害のある子の託し方

親なきあとの準備

→ **親族を後見人候補に指名**

頼れる親族がいる

成年後見人としての仕事
・本人のために診療・介護・福祉サービスなどの利用契約を結ぶ
・本人の預貯金の出し入れや不動産の管理などを行う

親族としての役割
・在宅であれば、日常の見守り・生活援助・申請などの手続代行、各種の相談
・入所であれば、入所施設との連絡窓口

→ **遺言などで世話を依頼**

頼れる親族がいない

親族としての役割
・在宅であれば、日常の見守り・生活援助・申請などの手続き代行、各種の相談
・入所であれば、入所施設との連絡窓口

→ **専門職を後見人候補に指名**

・本人のために診療・介護・福祉サービスなどの利用契約を結ぶ
・本人の預貯金の出し入れや不動産の管理などを行う
・遺産分割協議も行える

相続の基本を知っておこう

障害のある子に親の財産をどのように引き継がせ、不安のない生活を営んでもらえるでしょうか。どのような相続のしかたがあるのか、相続の基本と流れを知りましょう。

相続による財産の分配にはルールがある

障害のある子に財産を残すとき、どのような手続きをすればよいか理解する前に、「相続」とはどういうものか、基本を知っておくことが大切です。

相続とは、死亡によって、亡くなった人の「すべての財産」を引き継ぐことです。不動産・動産・預貯金・株式などのプラスの財産だけでなく、借金などのマイナスの財産も含みます。では、だれにどの財産がどの程度相続されることになるのでしょうか。その分配をだれが決めるのでしょうか。これにはルールがあります。

第1に優先されるのは被相続人の遺言

最優先されるのは、亡くなった人（「被相続人」といいます）の遺言で

す。残された財産は、その持ち主の希望に沿って引き継がれるのが最も合理的であるという考えによります。遺産分割の方法や相続分の指定が書かれた被相続人の遺言書が残されているならば、原則として、その内容どおりに相続が行われます（遺留分を侵害しない範囲で＝144ページ参照）。例えば、「障害のある次男に手厚く」といった親の希望が叶えられます。

遺言がなければ、相続人による協議によって決まる

被相続人の遺言がない場合には、相続人たちの話し合い（遺産分割協議）によって遺産の分割が決められます。こんなケースは考えたくないのですが、3人きょうだいで、障害のある子以外の2人が遺産を2人で分割しようと話し合い、障害のある子がわからないままに納得したら、

そのとおりの分割になります。そのような事態を回避するために、生前に障害のある子に成年後見人を申し立て、遺産分割協議に同席させる方法があります。

ただし、このような例は稀だと思われます。遺言によって親の希望に沿った相続を相続人に託すのが一般的でしょう。

協議がまとまらなければ法的手続き

遺産分割協議がどうしてもまとまらない場合には、裁判所の力を借りて解決せざるを得ません。家庭裁判所に「**遺産分割調停**」「**遺産分割審判**」を申し立てることにより、裁判所の関与のもとで、妥当な遺産分割を目指すことになります。

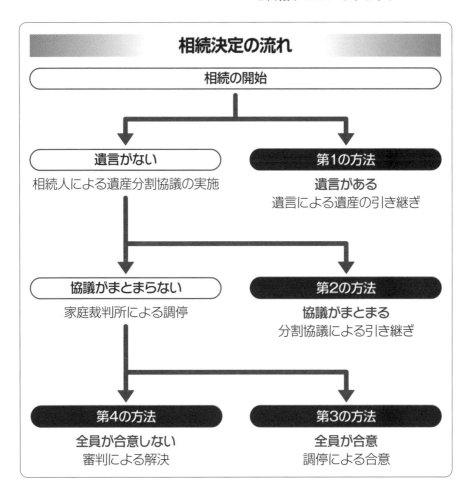

相続決定の流れ

相続の開始

遺言がない
相続人による遺産分割協議の実施

第1の方法
遺言がある
遺言による遺産の引き継ぎ

協議がまとまらない
家庭裁判所による調停

第2の方法
協議がまとまる
分割協議による引き継ぎ

第4の方法
全員が合意しない
審判による解決

第3の方法
全員が合意
調停による合意

法定相続人の順位と法定相続分

遺言によって遺産を分割するにしても、遺産分割協議を行うにしても、法律上定められた遺産相続の順位や法定相続の割合という考え方を知っておくと、納得できる相続がしやすくなります。

相続人になる法律上の優先順位

「だれが相続人になるか」には法律上順位のルールがあります。被相続人との関係によって第1から第3までの順位があり、第1位の人がいれば、第2・3順位の人は相続人になりません。

第1順位にいるのは被相続人（亡くなった人）の子です。子が被相続人よりも先に亡くなっている場合には、その子に子（つまり被相続人の孫）がいれば孫が相続人になります（**代襲相続**）。

第1順位の相続人がいない場合に相続人（第2順位）になるのは、被相続人の親です。親がすでに亡くなっている場合で、その親の親（祖父母）がいれば祖父母が相続人になります。

第2順位の相続人がいない場合に

相続人（第3順位）になるのは、被相続人の「兄弟姉妹」です。兄弟姉妹が被相続人よりも先に亡くなっている場合で、その兄弟姉妹に子（つまり被相続人のおいやめい）がいれば代襲相続によって、おいやめいが相続人になります。

被相続人の配偶者は、相続人となった子・親・兄弟姉妹(法定相続人)とともに、常に相続人になります。

法定相続分の割合

法定相続分の割合については、被相続人の遺言、遺産分割協議によって自由に決めることができますが、話し合いがまとまらないケースがあります。そのときは法律の定める「**法定相続分**」という考え方を出発点として各自が自分の相続分を主張することになります。

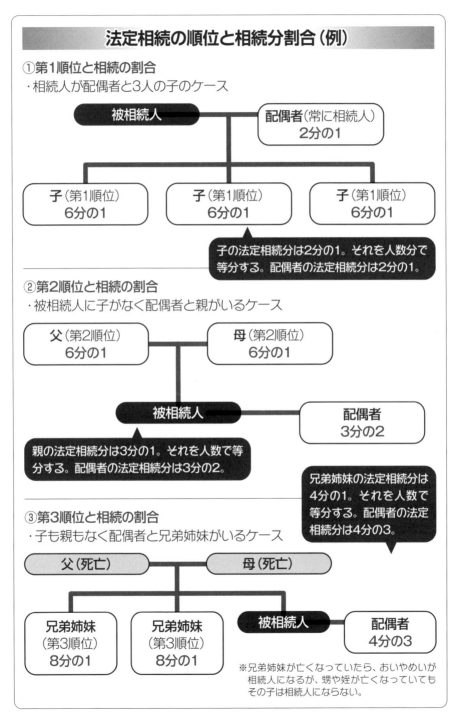

法定相続の順位と相続分割合（例）

①第1順位と相続の割合
・相続人が配偶者と3人の子のケース

被相続人

配偶者（常に相続人）
2分の1

子（第1順位）
6分の1

子（第1順位）
6分の1

子（第1順位）
6分の1

子の法定相続分は2分の1。それを人数分で
等分する。配偶者の法定相続分は2分の1。

②第2順位と相続の割合
・被相続人に子がなく配偶者と親がいるケース

父（第2順位）
6分の1

母（第2順位）
6分の1

被相続人

配偶者
3分の2

親の法定相続分は3分の1。それを人数で等
分する。配偶者の法定相続分は3分の2。

兄弟姉妹の法定相続分は
4分の1。それを人数で
等分する。配偶者の法定
相続分は4分の3。

③第3順位と相続の割合
・子も親もなく配偶者と兄弟姉妹がいるケース

父（死亡）

母（死亡）

兄弟姉妹
（第3順位）
8分の1

兄弟姉妹
（第3順位）
8分の1

被相続人

配偶者
4分の3

※兄弟姉妹が亡くなっていたら、おいやめいが
相続人になるが、甥や姪が亡くなっていても
その子は相続人にならない。

障害のある子に財産を残すときは遺留分を意識して

民法には、遺言による相続ができなくても、相続人は法定相続分の1/2を受け取ることができる「遺留分」という決まりがあります。遺言は遺留分を意識して作成しないとトラブルを招きがちです。

「遺留分」とはどういうものか?

相続は原則として「遺言」が最優先されます。法定相続人が数名いるケースでも、遺言書に「次女に全財産を相続させる」と書いてあるならば、すべての遺産を次女が引き継ぐのが原則です。しかし、それではほかの相続人の生活基盤が奪われるおそれがあります。そこで民法は、たとえ遺言によっても奪うことのできない相続分を定めてあります。それが「遺留分（いりゅうぶん）」です。

遺言での指示にかかわらず、これだけは確保してあげようという相続割合です。

遺留分を無視するとトラブルになることが多い

遺留分を無視して相続させると、遺留分を侵害された相続人は、自分の遺留分を取り返したいと考えた場合、遺留分を侵害している相手に、「自分の遺留分を返せ」という「遺留分減殺請求（いりゅうぶんげんさいせいきゅう）」ができ、遺留分を法律上取り戻すことができます。

しかし、こうなると、相続人の間で「しこり」が残り、通常の交流が断たれることも考えられます。

とくに障害のある子にきょうだいがいる場合は要注意です。障害のある子の将来が不安なのはわかりますが、ほかの子の思いも忘れてはいけません。とくに小さいころから障害のある子に偏りがちな親の愛情に不満を抱いてきたきょうだいであれば、自分の存在が無視されるような遺言であったら、親なきあと、その不満は障害のある子に向かいがちです。遺言を作成する場合は、無用な争いを防ぐために、遺留分を考慮したうえで、できるだけ公平な内容の遺言書を作成することをお勧めします。

相続人ごとの遺留分のルール

①直系尊属（親・祖父母・曾祖父母）のみが相続人のケース

法定相続分（遺留分算定の基礎となる金額）**×1/3**

> この金額を人数で等分

②直系尊属以外（配偶者・子・孫・ひ孫）のケース

法定相続分（遺留分算定の基礎となる金額）**×1/2**

> この金額を人数で等分

③被相続人の兄弟姉妹に遺留分はない

遺留分の例

①相続人が配偶者と子ども3人
　（障害のある子に全財産を渡す遺言を残したときの例）

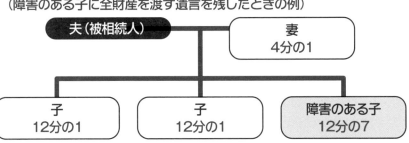

```
　　　夫（被相続人）　　　　　　　　妻
　　　　　　　　　　　　　　　　 4分の1

　　　子　　　　　　　　子　　　　　障害のある子
　 12分の1　　　　　 12分の1　　　　12分の7
```

※配偶者の遺留分は4分の1　子の遺留分は4分の1（各自12分の1）
※各自の遺留分を障害のある子に請求できる。

②相続人が3人の子のみ
　（障害のある子に全財産を渡す遺言を残したときの例）

```
　　　　　　　妻（被相続人）

　　　子　　　　　　　　子　　　　　障害のある子
　　6分の1　　　　　 6分の1　　　　　3分の2
```

※子の遺留分は2分の1（各自6分の1）　※各自の遺留分を障害のある子に請求できる。

相続税の障害者控除は障害者に有利な税制

相続税には「障害者控除」という制度があり、85歳を基準に、そこから相続人になった年齢を引いた数に、一般障害者は10万円、特別障害者は20万円を乗じた金額が税額から控除（引かれること）されます。

相続税は基礎控除を超えた部分にかかる税金

相続税は相続や遺贈（遺言による贈与）によって財産を取得したときに課せられる税金です。遺産の総額が基礎控除を超えたときに、その超過分にかかるもので、基礎控除額の範囲であれば税金はかからず申告の必要もありません。

基礎控除は、定額基礎控除が3000万円のほか法定相続人1人につき600万円です。配偶者と子が3人であれば法定相続人は4人なので600万円×4人＝2400万円。定額基礎控除の3000万円とあわせると5400万円まで無税で申告する必要はありません。

基礎控除を超えた場合でも、「配偶者の税額控除」「障害者控除」「未成年者控除」などの控除があります。

障害者控除は障害者に有利な税金の制度

障害者控除は、相続人が障害者の場合に適用されます。控除額は障害の程度によって2つに分かれ、**一般障害者は10万円×（85歳－相続開始の年齢）**、**特別障害者**（81ページ参照）は20万円×（85歳－相続開始の年齢）となります。例えば、特別障害者が40歳で相続人になったときは20万円×（85歳－40歳）＝900万円が税金から控除されます。

また、控除額が相続税額を超過した際は扶養義務者の相続税から控除されます。例えば、きょうだいが扶養義務者の場合、障害者の課税額が700万円で控除額が900万円、きょうだいの課税額が同じ700万円であったら障害者の控除額が超えた200万円分はきょうだいの相続税から控除され500万円の課税になります。

障害者の相続税（例）

兄
（Aさん）

姉
（Bさん）

Cさん
（特別障害者・40歳）

親が亡くなり、1億9800万円を相続。3人で等分することになりました。

①基礎控除（4800万円＝3000万円＋600万円×3人）を引いた相続額は1億5000万円（1人5000万円）

兄（Aさん）
5000万円

姉（Bさん）
5000万円

Cさん
5000万円

②課税標準による税率と控除額を反映させた税額は？

（課税標準5000万円以下＝
税率20％・控除200万円）

兄（Aさん）
800万円

姉（Bさん）
800万円

③Cさんの課税額

特別障害者のCさんの障害者控除額
20万円×（85歳－40歳）＝900万円
800万円＜900万円

Cさんの課税額は
控除額を下回るので0円

※Aさんが扶養義務者であった場合は、Cさんの控除額の課税額より多い100万円分がAさんの相続税から控除され、Aさんの納税額は700万円になります。

●基礎控除額の求め方

基礎控除額 ＝3000万円（定額控除額）
　　　　　　＋600万円×法定相続人数

●障害者控除額の求め方

一般障害者

控除額 ＝10万円×（85歳－相続人の年齢）

特別障害者

控除額 ＝20万円×（85歳－相続人の年齢）

●相続税の税率表

課税標準	税率	控除額
1,000万円以下	10%	0円
3,000万円以下	15%	50万円
5,000万円以下	20%	200万円
1億円以下	30%	700万円
2億円以下	40%	1,700万円
3億円以下	45%	2,700万円
6億円以下	50%	4,200万円
6億円超	55%	7,200万円

子どもたちが争わない
遺言の残し方とは？

親の意思で財産を自由に分割できる「遺言」は、親にとって有効な制度ですが、相続人である子どもの気持ちを無視すると、「ないほうがすんなり相続できた」ということになりかねないので、よく考えて作成しましょう。

■ 相続争いは大金持ちだけの問題ではない

「遺言なんてお金持ちのすることで、特別の財産のないわが家には関係ない」「子どもたちの仲がよいのでとくに必要ない」そう感じている人は少なくないでしょう。しかし、相続でもめるのは、お金持ちだけとは限りません。平成27年度司法統計年報によると、遺産分割の事件件数（調停・審判）の割合は1000万円以下が32.1％、5000万円以下が43.8％と、相続トラブルの4分の3は5000万円以下の遺産で争われていることがわかります。

■ 遺言を残すほうが相続による争いを回避できる

1人目の親が亡くなったときは比較的争いは少ないのですが、2人目の親が亡くなったあとのいわゆる「2次相続」で相続の争いは起こりがちです。親という行司役が不在なので子ども同士のぶつかりあいが多いのです。親にしてみれば、いちばん避けたい事態です。

子ども同士の話し合いのときの指針になるのが「親の遺言」です。親の遺言に「障害者施設で暮らすC男の財産の管理は長男が行い、近くに住む長女には施設との窓口になってほしい」といった内容があれば、子どもたちはこの記述を軸にして話し合い、C男にとって最善のサポートをしていくことができるでしょう。

ただし、遺言を残したことで、予想もしなかった争いが起こることもあります。「C男に財産のすべてを残す」といった理不尽な遺言を残したおかげで、実家に住んでいた長男は家を失い、長女も不満を爆発させた……このような事態にならないために、①生前に子どもたちとよく話

し合い、②障害のある子に多くを残すときもほかの子の遺留分を侵害しない、といったことに気を配り、わが子がひとしく納得できる遺言を作成しましょう。

遺言でどんなことができるか？

①思い通りに財産を分けられる

障害のある子に財産を多く残したければ、親の意思で財産分割が自由にできる

②相続財産をめぐる争いが防げる

遺言は遺産分割協議よりも優先されるので、遺言を基本にすれば争いを防ぐことができる

③相続の手続きが簡素化できる

相続人に相談しなくても相続登記手続きなどができるので手続きが大幅に簡素化できる

④施設への寄付などができる

わが子が世話になっている障害者施設などへの寄付も、遺言によって実現できる

自筆証書遺言の書き方と残し方は？

「自筆証書遺言」は1人で手軽に作れて費用がかからない方式ですが、さまざまな制約がありました。しかし、民法の改正によりパソコン仕様も可能になり、作りやすく保管しやすくなっています。

自筆証書遺言のメリットとデメリット

遺言書には一般的な方式として「自筆証書遺言」「公正証書遺言」「秘密証書遺言」の3つの方式がありますが、本書では、利用頻度の高い「自筆証書遺言」と「公正証書遺言（160ページ）」を紹介します。

まず、比較的手軽に作成できる自筆証書遺言の特徴を紹介します。長所は、この「手軽さ」にあります。文章を書く能力さえあれば自分1人で作成することができ、手続きも手数料も不要です。また、作成し直すことが容易です。

短所は、作成にあたっては法律が定めるさまざまな要件を満たす必要があるため、1つでも書き方に間違いがあると無効になるおそれのあることです。また、複数の解釈ができたり不明確であったりして、自分の思ったとおりの分割がなされない可能性も高くなります。加えて相続開始後、相続人が家庭裁判所に「検認」という手続きを申し立てる必要があります。

民法の改正で、より簡単になった「自筆証書遺言」

自筆証書遺言は手軽に作成できる遺言書ですが、①すべての文章を自筆で書かなければいけない、②保管場所がわからず見つからない心配がある、③検認手続きが必要、などのデメリットがありました。しかし、2019年1月13日施行の民法の改正で①本文は自筆だが、財産目録などはパソコンなどで作ることが可能、②2020年7月に自筆証書遺言を法務局で保管する制度がスタート、③法務局で保管された自筆証書遺言は検認手続きが不要、など大幅に手続きが簡素化されました。

「自筆証書遺言」を作成するときのポイント

自筆証書遺言の作成の決まりは①本文は自筆で書き、②作成日付を忘れずに、③署名をして押印する、ことです。

自筆証書遺言は方式を欠くと全体が無効となることがあります。要件を十分満たしているか留意して作成し、不安な場合は作成した遺言書を弁護士など専門家に確認してもらうのがよいでしょう。

自筆証書遺言の書き方

本文は自筆で書く
偽造防止等のため本文は自筆で書く。財産目録はパソコンで作成OK。署名・押印が必要

遺言書

① 遺言者○○○○は、この遺言書によって次の遺言をする。

一.

② 20××年○月○日

東京都新宿区新宿○-○-○
③ 遺言者　○○○○ ㊞

作成日付を書く
日付は何年何月何日に書いたと特定できなければならない。書いた年は元号でも西暦でもかまわない。「○○○○年4月吉日」では4月の何日かが特定できないため無効と判断されてしまう

署名し押印する
押印に使用する印鑑は、認め印でも大丈夫だが、できるだけ実印を用意することが望ましい。

159

公正証書遺言の書き方と残し方は？

「公正証書遺言」は公証役場に出向き、公証人のアドバイスを受けて遺言を作成する方式です。費用がかかったり証人が必要など、手軽に作成できませんが、間違いが少なく安全な遺言方式です。

■公正証書遺言のメリットとデメリット

自筆証書遺言のメリットは「手軽さ」にあり、デメリットは「書類の不備で無効になったり、保管方法によっては安全でないこと」でした。

公正証書遺言はこの逆で、メリットは、遺言書の原本が公証役場で保管されるため、遺言を紛失したり、遺言内容に不満を持つ相続人が変造・破棄したりする危険がないことです。また、本人が公証人に対して述べた内容を公証人が書面とするため、形式上の不備が出たり文章が不明確になったりするおそれは、まずありません。裁判所の検認手続きも不要です。デメリットは証人が2人必要なうえ、意思が変わったときは、公証役場で遺言を書き直す必要があり、そのつど費用がかかるなど「手軽でない」ことです。

■公正証書遺言は公証役場に出向いて作成する

公正証書遺言を作成するには、遺言作成に必要な書類を持参しての打ち合わせ、遺言内容を詰めるための打ち合わせ、署名押印のためと、公証役場に複数回出向くことになります。最後の署名・押印の日には、立ち会いの証人2名を同行することが必要です。証人は基本的には自分で探しますが、見つからない場合は、公証役場で紹介してもらいます。自分で作成した財産・負債などの一覧表を参考にして、だれに何を相続させたいのか、遺言書のたたき台となるメモ的なものを準備します。これが公正証書遺言を練り上げていく土台になります。次に、公正証書遺言の作成に必要な戸籍謄本や不動産登記簿謄本その他をそろえます。

公証役場に出向くまでの準備

①遺言書のたたき台を作る

自分の財産・負債などの一覧表をもとに、遺言書の下書きを作成しておく

②戸籍謄本や不動産登記簿謄本などをそろえる

どんな相続人がいて、どんな財産があるのか具体的な資料をそろえる

③公証役場に予約を入れる

公証役場に連絡を入れ、打ち合わせの時間を決めるが、そのとき、持参する書類の指示を受ける

④集めた書類の一覧表を用意する

必要書類が集まったら、それらを一覧表にし、事前に公証役場に確認をとると二度手間にならずにすむ

⑤公証人と打ち合わせを行う

公証人との打ち合わせでは、だれに、どのように財産を渡したいか、自分の希望を具体的に伝える

初回の訪問に用意していく書類

①**実印、印鑑登録証明書**

②**遺言者と相続人の戸籍謄本**（遺言者との続柄が記載されているもの）

③**受遺者**（推定相続人ではない場合）**の住民票**

④**財産の中に不動産や借地借家権がある場合は、不動産登記簿謄本・固定資産評価証明書**（または固定資産税・都市計画税納税通知書中の課税明細書）

⑤**証人予定者の氏名・住所・生年月日・職業記載のメモ**

※公証人によって求められる書類が違うことがあるので事前に連絡して指示を仰ぎましょう。

「付言事項」で
親の気持ちを伝えましょう

生前、子どもたちに言えなかったことでも、遺言に書き添えて自分の気持ちを伝えることができます。「付言事項」という添え書きです。法的な拘束力はありませんが、親の希望をかなえるのにとても有効な方法です。

「付言事項」で子どもたちに気持ちを伝えよう

「障害のあるC男の行く末をお願いする」といった親の気持ちを生前にほかのきょうだいに伝えることは大切ですが、面と向かっては言えない親もいます。そうした気持ちを遺言で伝えるのが、「付言事項」という方法です。いわば、被相続人(この場合は親)の最期のメッセージです。

相続人の間で遺産分けへの不満が出ることが予想される場合には、このような遺言を行った自分の思いを伝えることで、遺言を受け入れやすくし相続人たちのあいだで起こりうる紛争を防止することができるかもしれません。

付言事項に法的拘束力はない

自分の気持ちを家族に伝えるために有効な付言事項ですが、残念ながら、法的な効力はありません。ですから、「C男の行く末をみんなでみてほしい」という希望を残しても、ほかのきょうだいが実際に実行するかどうかは、きょうだいしだいです。とはいえ、残された子たちは、少しでも亡くなった親の希望をかなえてあげたいと思うものです。このような例でいえば、親の「最期のメッセージ」によって、障害のある子の生活が維持できれば、こんなに有効なメッセージはないでしょう。

どんなときに付言事項は効果を発揮するか?

「付言事項」はどのような希望があるときに有効なのか、いくつかの例を挙げてみましょう。
①障害のある子に、法定相続分とは違う遺産分割を希望する際、その

理由を示したいとき。

②障害のある子の行く末をほかのきょうだいに託したいとき。「将来は施設などで暮らせるように手続きしてほしい」など。

③「残された家族がいつまでも仲良く互いに助け合ってほしい」など

親の心情を訴えたいとき。

④自分の葬儀・法要・埋葬について希望を示すとき。

⑤財産とはいえないものの、自分にとってはかけがえのない品物の扱いなどについて希望があるとき。

付言事項で期待できること

①遺言書の一部なので軽視されない

日記やメモではなく、遺言書の一部なので、被相続人の「本気度」が伝わる

②不平等な相続のときに効果がある

1人の相続人に財産を多く残す場合など、不平等な相続のときに自分の気持ちが伝えられる

③被相続人のほんとうの気持ちが伝わる

被相続人の本音が伝わるので、争う事態が避けられる

④相続人に不利益な場合に有効

施設に寄付するなど、相続人にとって不利益になる場合に理解を求めるのに有効

遺言執行者という
便利な存在があります

署名ができない障害者が相続人になると、相続手続きのために、原則、成年後見人が必要になります。遺言執行者を指定しておくことで、後見制度を利用しなくても手続きを行うことが可能になります。

■ 相続手続きのときには相続人全員の署名と実印が必要

だれかが亡くなった場合の相続手続きをする際、遺言書がない場合は、法定相続人全員が財産の分配方法について合意したことを証明する「遺産分割協議書」を作成します。そこには相続人全員の署名と実印が必要です。

このとき相続人の中に障害者がいて、本人は署名ができない、実印がないといった状況だと、成年後見制度を利用し、障害者に成年後見人をつけてもらう必要があります。もう後見人がついている、あるいはこの機会に後見人をつけようということでしたら問題はありませんが、まだ後見制度を利用したくないと思っていたときに相続が発生すると、意に反して成年後見人をつけなくてはいけないことになってしまいます。

では、遺言書があればOKかというと、遺産分割協議書は不要ですが、金融機関で口座の凍結を解除するときには、相続手続きの書類を提出しなければなりません。そこには相続人全員の署名と実印が必要になるので、やはり成年後見人が必要となります。

■ 遺言執行者を指定すると、その人だけの権限で手続きが可能

このような事態を避けるために、遺言書で遺言執行者を指定しておくと、成年後見人がいなくても相続手続きをすることができます。遺言執行者とは、遺言に書かれている内容を実行する権限がある人で、相続人全員が署名押印した書類がなくても、単独で金融機関でお金をおろせますし、不動産の相続登記をすることができます。

この遺言執行者をだれにするのか。

銀行や弁護士など第三者に頼むこともできますが、長女、長男などの相続人のだれかを指定することもできます。この遺言執行者という便利な存在を、ぜひ覚えておいてください。

ただし金融機関によっては、遺言執行者が第三者ではなく相続人である場合、通常の相続手続き書類を要求される場合がありますのでご注意ください。

遺言書で遺言執行者を指定する書き方の例

遺言書

一、土地○○○は□□□に相続させる

一、××銀行の預金は△△△に相続させる

一、遺言執行者は下記のものを指定する
　　長女●●●（19××年×月×日生）
　　長男■■■（19××年×月×日生）

※遺言執行者は複数でもOK

遺言執行者を銀行や弁護士など第三者に頼むこともできますが、障害の子のきょうだいなど相続人のだれかを遺言書で指定することもできます。遺言執行者は複数でもかまいません。

成年後見制度とは
どんなしくみですか？

高齢者や障害者で判断能力が不十分な場合は、本人の権利擁護のために成年後見制度の利用が必要と言われています。では、実際にはどういった制度なのか、基本的なことを確認したいと思います。

■ 自分だけではお金を適切に使えない場合に必要となる

　障害があったとしても、ある程度の判断能力があれば、受けとったお金を、日常的に自分のために使っていくことはできるでしょう。しかし、そういった判断能力のない知的障害の人や、判断能力はあっても精神的に不安定で、症状が悪化しているときは支援がないと生活ができない精神障害のある人には、その人に合ったサポート態勢を準備しておくことが必要です。

　お金を管理するための代表的なしくみとして、「**成年後見制度**」があります。判断能力が不十分な人の権利を守るために、2000年にスタートした制度です。

■ 成年後見制度の基本理念とはどういったものか

　成年後見制度では、本人の行為を制限するかわりに、本人に代わって法律行為をする人を決めて、その人が一定の法律行為をする制度です。例えば、認知症になったお年寄りや障害者のために後見人が就任し、金銭の管理（財産管理）や入所施設の契約手続き（身上保護）などが行われています。

　また、成年後見制度には、「**自己決定の尊重**」「**現存能力の活用**」「**ノーマライゼーション**」の3つの基本理念があります。

　「自己決定の尊重」とは、たとえ判断能力が不十分だとしても、本人には自分がこう決定したいという意思があります。その意思を尊重し、周囲はできるだけ汲み取り、実現するように支援しようという考え方です。成年後見人が本人の意思を無視して何でも決めてしまう、「代行決定」になってはいけないというこ

とです。

「現存能力の活用」とは、周囲が先回りして本人ができることもやってしまうと、やりがい、生きがいが無くなってしまう。自分でできることは可能な限りやってもらい、自分らしく生活してもらうということです。

「ノーマライゼーション」とは、高齢者や障害者も、可能な限り地域社会の一員として、通常の生活が送れるような環境やしくみを作り出すということです。

この基本理念を守りながら本人を保護する制度となっています。

成年後見制度の3つの基本理念

自己決定の尊重

障害があっても自分はこう決めたい、というその意思をみんなが尊重する、つまり成年後見人は代行決定をするのではなく、意思決定支援をする

現存能力の活用

その人の持っている力を最大限生かして、自分らしく生きてもらう

ノーマライゼーション

障害者も可能な限り地域社会の一員として、通常の生活が送れるような環境やしくみを作り出す

法定後見制度と
任意後見制度の違いは？

成年後見制度は大きく分けて法定後見と任意後見の2種類があります。また法定後見には、本人の判断能力に応じて3つの類型があります。その違いをここでは押さえておきましょう。

成年後見制度の基礎知識

成年後見制度は、判断能力が不十分な人の財産や権利を守るための制度ですが、ただ保護して本人には何もさせないというものではなく、自分でできることは自分で決められるようになっています。

成年後見には、すでに判断能力が不十分な場合の「**法定後見**」と、今後に備えて契約を結ぶ「**任意後見**」があります。任意後見は、現在は判断能力はあるが、将来衰えてきた時に備えて、後見人になる人をあらかじめ決めておくという制度です。

法定後見の特徴として、本人の判断能力の状況に応じて、支援する人の保護のパターンが変わるという点があります。自己決定の尊重、現存能力の活用という制度の理念に則り、それぞれの類型に応じて、本人が自らできる行動や、成年後見人等が有する権限が違ってきます。「**後見**」「**保佐**」「**補助**」の３類型があり、申立てするときに提出する医師の診断書などで、どれにあたるかが決められます。

支援する人は、家庭裁判所の選任により、成年後見人、保佐人、補助人のいずれかとなり、この３つを合わせて「**成年後見人等**」と呼ばれます。支援される人は、それぞれ成年被後見人、被保佐人、被補助人となります。

類型は医師の診断書により判定されるが、決定するのは裁判所

後見、保佐、補助の判定は、医師の診断によります。後見制度の申立て時に障害の程度についてかかりつけ医などが書いた診断書を添付し、家庭裁判所が類型を決めます。

あまり制度に詳しくない医師の場

合だと、とりあえず後見類型にして
しまうという例も聞くので、医師に
対して子どものできることをきちん
と伝える、あるいはそれとなくご家

族の希望を伝えるなどしてもかまわ
ないと思います。ただし最終的な決
定をするのはあくまで家庭裁判所に
なります。

3つの類型の違い

	後見	保佐	補助
対象と なる人	常時判断能力の欠けた状態の人	判断能力が著しく不十分な人	判断能力が不十分な人
申立て できる人	本人、配偶者、4親等内の親族、市区町村長、検察官など		
同意権(※1) の範囲	なし（被後見人には判断能力がないので、後見人が同意をしてもその通りの行為をできるとは限らないため）	借金、相続関連など民法で定められた財産に関する重要な行為	借金、相続関連など民法で定められた財産に関する重要な行為の中で、申立ての範囲内で裁判所が定める行為（ただし本人の同意が必要）
取消権(※2) の範囲	日用品の買い物など、日常生活に関する行為を除くすべての行為	同上	同上
代理権(※3) の範囲	財産に関するすべての法律行為	申立ての範囲内で裁判所が定める行為（ただし本人の同意が必要）	

●権利の具体的な例

※1同意権……だれかの借金の保証人を依頼された場合、補佐人などの同意を得ないとなることができない。

※2取消権……50万円の羽毛布団を購入したが本来不要なものであった場合、取り消すことができる

※3代理権……グループホームの入居契約を、本人に代わって締結することができる

成年後見制度はいつから利用したらいいですか？

障害のある子の権利を守るために、成年後見制度は重要な制度です。では、制度の利用を考えるのはどんなタイミングがいいのか？　準備をしておくことや注意したいポイントなどを整理してみました。

中途でやめたりお試しに利用したりはできない

　成年後見制度は、判断能力の不十分な人の財産や権利を守るための制度です。いつから利用すればいいかという明確な基準はありません。ただ、知っておいてほしいのは、成年後見制度は一度始めたら、よほどのことがない限り途中でやめられないということです。

　後見人制度は本人の権利擁護のために必要な制度ではありますが、試しに利用してみようということはできないので、重い決断になります（なお、一度始めたらやめられない現在の制度については、一時的な利用を可能とする見直し案が検討されています）。

　そして大きな問題は、後見にかかわる費用もずっと掛かってくるということです。後見報酬や後見監督報酬が、活動に対して支払われる正当な費用であっても、収入の少ない障害者にとっては重い負担になる可能性があります。親が面倒をみているのであれば、この報酬は支払わなくてもすむので、できるだけ成年後見制度は使わないでおこう、と考える親が多くなるのはいたしかたないことかもしれません。

後見制度のことを相談できる窓口を把握しておくことが重要

　親が高齢で健康にも不安があるというケース以外は、成年後見制度の開始をしばらく見合わせる、という選択肢も大いにあり得ます。

　ただし、ずっとそのままでいいわけではありません。やはり真剣に考えなくてはいけない場面が必ず来ます。そこで、いざというときに慌てなくて済むように、成年後見制度の相談窓口がどこにあるかをぜひ知っ

ておいてください。多くの自治体では、社会福祉協議会や民間に委託して、成年後見センターなどの窓口を開設しています。また、親の会などの障害者団体に所属していると、先輩ですでに成年後見制度を利用している人がいることがあるので、生の体験談も聞けるのではないでしょうか。さらに、最近は障害者の親を中心にNPOや一般社団法人を設立して法人として後見活動をしていこうという団体も増えていますので、そういったところが身近にあれば連絡をとっておくと、相談にのってもらえるでしょう。

成年後見人を監督する 成年後見監督人

　成年後見の申立てをした場合、申立人が希望していないのに裁判所が必要と判断した場合、「成年後見監督人」が選任されることがあります。監督人が必要と判断されるケースでは「財産管理の規模が大きい場合」「年齢などの理由から後見人の事務手続きが不安な場合」「後見人と本人の間に利益相反の可能性がある場合」などがあります。

　後見監督人の主な職務としては次のようなものになります。

・後見人の事務を監督すること
・財産の調査及び財産目録の作成に立ち会うこと
・後見人に後見事務の報告を求めたり、本人の財産状況等を調査すること
・後見人の解任を請求すること

　これらの監督行為に対して、下記の表のような報酬（めやす）を支払います。

成年後見人等の報酬額のめやす

※東京家庭裁判所のホームページより

成年後見人	通常の後見事務を行った場合の報酬のめやすとなる額は、月額2万円
成年後見監督人	通常の後見監督事務を行った場合の報酬のめやすとなる額は，管理財産額が5000万円以下の場合には月額1万円～2万円

※両方とも、管理財産額が増えれば報酬額も増える

成年後見人はどんな人がなるのですか？

障害者の成年後見人には、どんな人がどのような基準で選ばれるのでしょうか。成年後見人が決まるまでの流れを確認しておきましょう。

成年後見人等を指名するのは家庭裁判所

　成年後見制度の利用を家庭裁判所に申し立てる際には、後見人にしたい人を候補者として提出することができます。成年後見人になるためには特に資格などはないので、親やきょうだい、子どもなどの親族を候補者にすることも可能です。

　ただし、だれにするかを実際に決めるのは家庭裁判所です。その人が欠格事由（右ページ参照）に該当しておらず、その他大きな問題（多額の借金があるなど）がなければ、候補者がそのまま選任される可能性は高いです。ただ、家族や親族を候補者にした場合、被後見人である本人に現金や証券、不動産など多岐にわたる財産があると（金額の基準は裁判所によって異なる）、家庭裁判所が候補者以外の専門家を後見人に指名する傾向があるようです。この場合の専門家とは、裁判所の後見人候補者名簿などに登録のある、弁護士、司法書士、社会福祉士、行政書士などです。

　また、地域によっては自治体などが主催する養成講座などで知識を身につけた一般市民に、市民後見人として活動してもらうといった活動をしているところもあります。

法人が後見人になることで長期にわたる後見も可能

　年齢が若い障害者の場合は、後見業務が長期にわたることが多く、後見人が病気になったり亡くなったりして、新たに後見人を選び直さなくてはいけなくなる場合があります。それを避けるために、社会福祉法人やNPOなどの法人が継続的に後見業務を受任するといった動きも増えています。法人であることで、複数

の人間がチームとして本人を支えることができ、困難事例にも対処しやすくなります。また、地域との連携が取りやすくなるなど、さまざまな

メリットもあります。個人ではないため意思決定が遅い、顔が見えにくいなどのデメリットもありますが、後見人の有力な選択肢です。

法定後見制度の開始までの手続き

①申立て → ②審理 → ③法定後見の開始の審判・成年後見人などの選任 → ④審判の確定（法定後見の開始）

4カ月以内

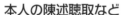

本人の陳述聴取など

成年後見人などの候補者の適格性の調査など

※「成年後見制度　成年後見登記パンフレット」（法務省民事局）参照。

欠格事由…成年後見人になれない人

- 未成年者（ただし既婚者ならOK）
- 成年後見人等を解任されたことがある人
- 破産者
- 被後見人に対して訴訟をした人、及びその配偶者と直系血族
- 行方不明の人

任意後見制度の使い方は？

任意後見制度は、現在は判断能力はあるが、将来衰えてきたときに備えて、後見人になる人をあらかじめ決めておくという制度です。障害のある子がいる家族の場合は、どのような使い方があるでしょうか？

任意後見制度は判断能力がある場合に利用する

任意後見制度は、法定後見制度と違って、現時点では判断能力に問題はないが、将来衰えたときにそなえて、あらかじめ任意後見人を決めて、公正証書で契約しておく制度で、自己決定の権利を尊重した制度です。判断能力がすでに不十分な知的障害者の後見は、この任意後見の制度ではなく法定後見になりますが、現段階で判断能力に問題のない障害者や、障害者の親自身には、必要になってくるかもしれない制度です。判断能力が衰えたときのために、だれか信頼できる任意後見人候補者と契約を結ぶものです。

契約内容は、それぞれの状況に応じて設定できます。契約締結時点から後見が開始されるのではなく、契約した本人の判断能力が衰えてきたときに、本人や親族、任意後見受任者など申立てできる権限のある人が家庭裁判所に申し立てることにより、任意後見が開始されることになります。報酬額も当人同士の契約で決定されます。

契約が始まるタイミングですが、家庭裁判所に申し立てて、任意後見監督人が選任されたときに初めて、任意後見契約が正式にスタートすることになります。

また、任意後見制度は、法定後見制度と違い、任意後見人には同意権と取消権はなく、代理権のみが与えられます。

その他の制度の特徴については、右ページの図をご確認ください。

親が利用して切れ目のない支援を実現する

例えば母ひとり子ひとりの家族の場合、母親が自分の信頼できる人と

任意後見契約を結びます。その契約に、今は障害のある子の面倒をみているが、認知症になったらそれができなくなるので、自分が弱ってきて契約が発効したら、子どもの後見申立てをしてほしいという条項をつけておくというやり方があります。

　親の任意後見人は、子どもの後見の申立てをする権限は原則的にはな

いのですが、親族や行政などに「私はお母さんの任意後見人になったのですが、障害のあるお子さんがいるので、この子の後見申立てをしてください」と働きかけてもらえます。結果的に、子どもへの支援が、親から成年後見人に切れ目なくバトンタッチできることになります。

任意後見制度の特徴

- 判断能力があるうちに利用
- 後見人になる人を自分で決められる
- 後見業務の内容も当事者同士で決められる
- 代理権による支援のみ。同意権、取消権はない
- 公正証書によって契約、登記される
- 裁判所が選任した任意後見監督人がチェック

175

日常生活自立支援事業を利用しましょう

障害者の地域生活を支える制度としては、日常生活自立支援事業があります。成年後見制度に似た特徴もありますが、こちらは契約できる能力のある人が対象です。どのような支援が受けられるか見てみましょう。

日常生活自立支援事業は自ら契約することが必要

日常生活自立支援事業は、日常生活を営む上で必要な福祉サービスを、自分の判断で選択・利用することが困難な人を対象にした制度です。契約に基づき、福祉サービスの利用に関する相談、助言や情報提供、金銭管理などの支援を行い、利用者が安心して自立した生活を送れるようにサポートすることを目的としています。

法律や制度の主体は異なりますが、判断能力に不安がある人の生活をサポートするという意味で、成年後見制度と近い性質があります。

利用を希望する場合は、事業を運営している地域の**社会福祉協議会**に申し込みます。契約が成立すると、まず専門員が相談の上で支援計画を作成し、実際の援助はこの計画に基づいて、生活支援員が訪問して行います。

サービスの内容は限定的だが、費用は比較的低額で済む

基本サービスは福祉サービスの利用援助、オプションとして日常的な金銭管理サービス、年金証書や通帳などの書類等預かりサービスがあります。

例えば、役所や銀行の手続きをひとりでするには不安な場合、アドバイスしてもらったり、いっしょに窓口について来てもらう、通帳や印鑑の管理が不安なら金融機関の貸金庫に預かってもらう、などの援助を行います。

利用の料金は、地域や本人の収入によって若干の違いはありますが、すべてのサービスを利用しても、月額で3,000円前後となっています。

法定後見との違い

	日常生活自立支援事業	成年後見制度（法定後見）
本人の判断能力	契約する判断能力はあるが、福祉サービスの利用や金銭管理は難しい	判断能力が欠けている、もしくは不十分
判断能力の判定	申立てできる人	医師の診断書・鑑定書に基づき家庭裁判所が判断
利用開始の方法	社会福祉協議会等に申し込み、利用者本人が契約締結	本人、配偶者、4親等以内の親族、市区町村長などが家庭裁判所に申し立てて、審判
費用	契約締結後、利用するたびに1回1,000〜2,500円程度	申立て費用が数万円、後見開始後は家庭裁判所の決定により月額1〜3万円程度の報酬支払い
支援する人	社会福祉協議会の雇用による専門員と生活支援員	家族、親戚、専門職、法人、市民後見人など
支援する人の決め方	社会福祉協議会が決定	家庭裁判所による選任
支援内容	福祉サービスの利用援助や日常的な金銭管理等の援助、書類預かり	財産管理や身上監護に関する法律行為全般
監視・監督	契約締結審査会、福祉サービス運営適正化委員会	家庭裁判所、成年後見監督人

サービスのいろいろ（例）

①福祉サービスの利用援助	・福祉サービスを利用したり、利用をやめるために必要な手続き ・福祉サービスの利用料を支払う手続き ・福祉サービスについての苦情解決制度を利用する手続き ・年金および福祉手当の受領に必要な手続きなど **1回1,200円**
②日常的金銭管理サービス	・医療費、税金、社会保険料、公共料金などを支払う手続き ・上記の支払いにともなう預貯金の預け入れなど **1回1,200円**
③書類等預かりサービス	【預かってもらえるもの】年金証書・預貯金の通帳・権利書・契約書類・保険証書・実印・銀行印 ・そのほか社会福祉協議会等が適当と認めた書類など **貸金庫代1カ月1,000円程度**

※利用料は平均的なもので、市区町村によって違います。貸金庫代は東京都社会福祉協議会の資料を参考にした金額です。

福祉型信託とは
どういうものですか？

福祉型信託とは、高齢者や障害者の生活を支援するための信託です。子どもへお金を残す際に、遺言では実現できないことが可能になります。障害者の家族のニーズに合っていると、注目されているしくみです。

親の財産をいきなり使ってしまわないためのしくみ

遺言で子どもに資産を残したとしても、突然多額のお金を手にして舞い上がってしまい、それを一気に使ってしまったり、悪意のある人に、うっかりだましとられたりという、さまざまなリスクがあります。これを防ぐしくみが、「福祉型信託」と呼ばれる制度です。2007年に信託法という法律が改正され、営利目的でなければ一般の法人や個人の間でも信託のしくみが使えるようになりました。

信託を障害のある子の資産管理に活用する

信託によって可能になることで、障害者の家族に注目されている機能は主に2つです。

1つ目は、信託した財産を子ども

が必要なときに必要な分だけ給付してもらえることです。

母ひとり子ひとりの家族で、子どもは軽度の知的障害者、母親には資産が3千万円あるとします。母親が亡くなればこの資産は子どもが相続しますが、多額のお金をいきなり本人が手にしてしまって大丈夫だろうか、という心配も出てきます。

そこで、まず母親は自分の資産について、親族の中で信頼している甥と信託契約を結びます。この契約を結べば、母親の3千万円は信託財産となり、母親の手を離れて所有権は甥に移ります。ただし甥は自由に財産を処分することはできず、管理する権限のみ持つことになります。

母親が亡くなったあとは、おいは子どもに対して、母親の財産の中から契約で決められたとおり、必要な時期に必要な額を給付していきます。そうすることで、子どもがすぐに使

ってしまったり、だれかにそそのかされたりして大金を失う事態を防ぐことができます。

2つ目は、子どもが亡くなったあとにまだ財産が残っていたら、そのお金を寄付する先も信託契約で決められることです。法定相続人がいなければ、残ったお金は国庫に入りますが、信託契約によって、本人を支援してくれた社会福祉法人や信託でお世話になったおい、あるいは親の会などに寄付することができます。

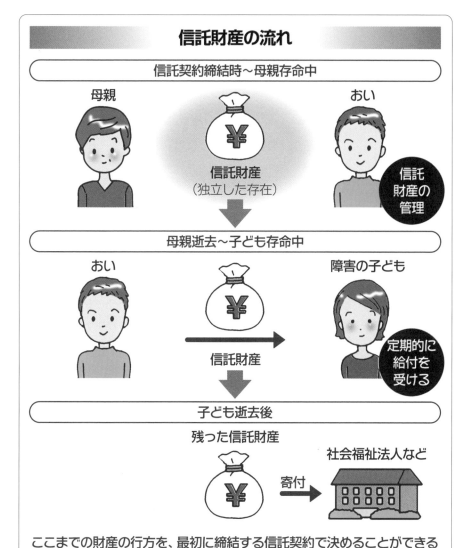

信託財産の流れ

信託契約締結時～母親存命中

母親　　　　　　　　　信託財産　　　　　　おい
　　　　　　　　　　（独立した存在）

信託財産の管理

母親逝去～子ども存命中

おい　　　　　　　　　信託財産　　　　　障害の子ども

定期的に給付を受ける

子ども逝去後

残った信託財産　　　　寄付　　　社会福祉法人など

ここまでの財産の行方を、最初に締結する信託契約で決めることができる

生命保険信託とは
どういうものですか？

前項の福祉型信託は幅広い財産に対応できますが、契約書作成が複雑でなかなか浸透していないのが実情です。そこでよりシンプルに信託のしくみを使える商品として、生命保険信託が広がりつつあります。

■ 生命保険の死亡保険金を信託財産にする方法も

　生命保険の死亡保険金の受取人は通常は家族などの個人ですが、これを信託銀行あるいは信託会社に信託財産として設定することができます。この保険金を受託銀行などが、障害のある子のために、生活資金や学費として一括もしくは分割で交付するのが、「生命保険信託」という商品です。

　数年前からあるものですが、当初は扱っている保険会社も限られていました。最近は参入する会社も増え、保険金の額などが少なくても使えるようになってきて、選択肢も広がってきています。

　生命保険信託は、とくに障害のある子を持つ親に限定した商品ではありませんが、多くの保護者から問い合わせや申し込みが来ているそうです。信託のしくみを利用して子どもにお金を残したいけれど、安心して財産を託せる人がいない、なるべく費用は抑えたい、という場合に有効な方法でしょう。

■ 生命保険信託の手続きとしくみ

　生命保険信託は、保険としては特別なものではなく、通常の生命保険です。ただ、その死亡保険金の受け取り方を、信託財産として設定します。

　例えば、母親が自分に1千万円の死亡保険をかけ、受取人を障害のある子にしたとします。その1千万円について母親の死亡後、毎月いくらずつ子どもに給付するのか、もし受取人である子どもが亡くなったときも保険金が残っていたら、その財産はだれ、もしくはどの団体に給付するか、受取人に急なお金が必要にな

ったとき、信託財産から引き出す指示をする運用指図権者をだれにするか、などを、申し込みのときに細かく決めていくことになります。

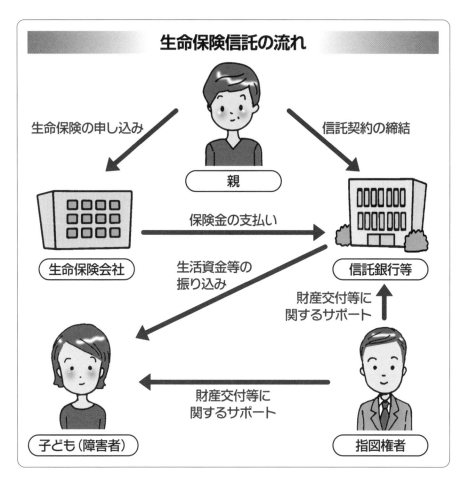

生命保険信託の流れ

生命保険の申し込み

信託契約の締結

親

保険金の支払い

生活資金等の振り込み

財産交付等に関するサポート

生命保険会社

信託銀行等

財産交付等に関するサポート

子ども（障害者）

指図権者

生命保険信託取り扱い会社

取扱い会社（連絡先）	保険会社	信託銀行・会社
ジェイアイシー	第一フロンティア生命 マニュライフ生命	みずほ信託銀行
ソニー生命		三井住友信託銀行
第一生命		みずほ信託銀行
プルデンシャル生命		プルデンシャル信託

※五十音順

遺言代用信託と特定贈与信託とは？

ここまで紹介したもの以外にも、定期的に障害のある子にお金を給付するという信託の機能を持つ商品があります。主に信託銀行で扱っているものを、この項では取り上げます。

遺言代用信託は信託の機能を手軽に利用できる商品

信託銀行や地方銀行の一部では、「遺言代用信託」という信託の機能を持つ商品を、それぞれ親しみやすい名前で販売しています。

商品のしくみは次の通りです。数百万円から３千万円程度の金額を信託銀行に預けます。銀行では特に運用はせず、管理料もほんのわずかで信託財産として管理します。そしてあらかじめ決めておいたタイミング、例えば金額を信託財産として預けた親が亡くなった際に、決めておいた受益者である障害者に定期的にお金を給付するというしくみです。

そして障害者に給付している間に障害者本人が亡くなったら、残ったお金を、あらかじめ決めておいた次の受益者に渡すしくみもあります。

数年前から始まったもので、まだあまり知られていない商品のようですが、信託の機能を一番シンプルに実現できるものかもしれません。

特定贈与信託のメリットと注意点

「特定贈与信託」とは、障害のある人の「親なきあと」の生活を安定させるために、家族が金銭などの資産を信託銀行などに信託するものです。この場合、受託者にあたる信託銀行などは、信託財産を管理し、受益者である障害者に、生活費などを定期的に渡していくことになります。財産を贈与した場合、通常は年間110万円を超える金額に対して贈与税がかかります。しかしこの制度を利用すると、特別障害者（重度心身障害者）の人には６千万円、それ以外の特定障害者（中軽度の知的障害者及び障害等級２級、３級の精神障害者）の人には３千万円を限度とし

て、贈与税が非課税となります。

　注意したい点は、特定贈与信託を利用するにあたり、障害者の状況によっては成年後見人が必要になる場合がある、ということ。また、信託

銀行に支払う報酬や手数料などもかかります。信託銀行などによってそれぞれ対応が異なりますので、検討する場合はこういった点を信託銀行に確認してください。

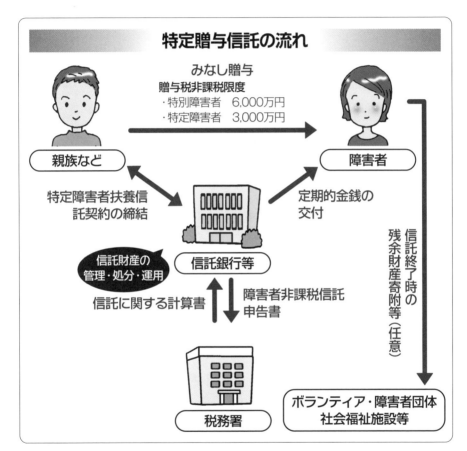

特定贈与信託の流れ

みなし贈与
贈与税非課税限度
・特別障害者　6,000万円
・特定障害者　3,000万円

親族など → 障害者

特定障害者扶養信託契約の締結

定期的金銭の交付

信託財産の管理・処分・運用

信託銀行等

信託に関する計算書　障害者非課税信託申告書

信託終了時の残余財産寄附等（任意）

税務署

ボランティア・障害者団体社会福祉施設等

信託銀行の主な遺言代用信託商品

信託銀行名	商品名
みずほ信託銀行	安心の贈りもの（新規申込受付は停止）
三井住友信託銀行	家族おもいやり信託
三菱UFJ信託銀行	ずっと安心信託

※信託銀行50音順

障害者扶養共済とiDeCoとはどういうものですか？

信託以外にも、定期的にお金が給付されることにより、障害のある子の生活を安定させるしくみがあります。それらの内容と、具体的な申込先などを確認してみましょう。

障害者扶養共済制度のしくみと申し込み窓口

「障害者扶養共済制度」（78ページ参照）は、障害者の保護者が毎月掛け金を納付することで、心身障害者に一定額の年金を終身支給するものです。支給額は加入1口当たり月額2万円です。実施主体は各自治体ですが、全国的に統一されたしくみで運営されています。

加入者である保護者が65歳になったとき、加入期間が20年以上になったときの2つの条件を満たした場合、それ以後の掛け金を納める必要がなくなります。そして加入者が死亡、もしくは重度障害となったときから、障害者である子どもに対して終身年金が支給されることになります。掛け金は加入時の年齢によって異なります。

子どもの将来の生活の安定のために、検討する価値はあるかもしれません。詳しい内容については、お住まいの市区町村の障害福祉課など、行政の担当窓口にお問い合わせください。

●障害者扶養共済制度のイメージ

毎月一定の掛け金を納付することで、加入者に万が一のことがあったとき、障害のある人に終身年金が支給される制度。

保護者

障害のある人

死亡・重度障害

掛け金納入 月9300円～

※保護者の年齢等によって異なる

年金支給 月2万円（1口）～

※2口の場合は4万円

年金支給の開始　　　　　　　　一生涯

個人型確定拠出年金 iDeCoの活用方法

確定拠出年金は、2001年からスタートした制度です。定期的に掛け金を積み立て、運用して増やしたものを、60歳以降に国民年金や厚生年金にプラスして受け取る老後のためのものです。個人型確定拠出年金は"iDeCo"という愛称で利用が広がっています。

加入できる個人には条件がありますが、2017年の１月から対象者が広がり、多くの人が加入できるようになりました。そしてその対象者の中に、年金保険料の支払いについて法定免除を受けている、障害基礎年金の受給権者も含まれるようになりました。

それによって何ができるようにな

ったのか。例えば親と一緒に住んでいる年金受給者は、受け取っている年金をあまり使っておらず、本人の口座にはけっこうなお金が貯まっている、という場合もあるようです。

現在の低金利時代では、ただお金を口座に置いておいてもほとんど増えません。そこで、この使っていないお金を毎月定額iDeCoの口座に積み立てて、運用して少しでも増やそう、といったことができるようになりました。将来の本人の老後資金に回していくということです。

iDeCoはさまざまな金融機関で取り扱っています。ネットだけで申し込めるところも多いです。現在取引のある銀行などで、詳しく話を聞きたいという場合は、説明できる担当者が限られるので、事前に連絡しておいてから訪問してください。

---

iDeCoの特徴

iDeCoのメリット

・掛け金が全額所得控除される
・運用による利益には税金がかからない
・運用資産を受け取るときにも控除がある
・月額5,000円からと手軽な金額から始められる
・信託報酬など運用にかかるコストが比較的低い

iDeCoのデメリット

・60歳になるまで積み立てた資産は引き出せない
・口座開設と維持には手数料がかかる

障害のある子の生活の場はどこになりますか?

「親なきあと」障害のある子どもの生活の場はどこになるのでしょうか。障害者総合支援法では、夜間の居住を支援するためのしくみとして、主に2つのサービスを規定しています。

主な夜間の居住支援のしくみは入所施設とグループホーム

親なきあとの障害の子の住まいを考えたとき、「障害者総合支援法」にあるサービスを利用する方法があります。親なきあとに限定されることはありませんが、障害者の夜間の居住を支援するサービスとして、「**施設入所支援（入所施設）**」と「**共同生活援助（グループホーム）**」の2つのサービスが規定されています。両方とも夜間における日常生活の支援がサービス内容ですが、その中身には違いがあります。

まず、障害者総合支援法では、両方とも「自立支援給付」というサービスの1つですが、「施設入所支援（入所施設）」は「介護給付」のなかのサービスで、一時的に預けられる「短期入所（ショートステイ）」と同じ分野のサービスです。いっぽうの「共同生活援助（グループ）」は、「訓練等給付」の分野のサービスです。

サービスを利用できる人は、入所施設は障害支援区分の規定があるので中度から重度の人が多いですが、グループホームは制限はないので、軽度の人が多い傾向があります。

また、入所施設の場合、日中は同じ敷地内で活動しますが、グループホームは基本的に就労支援や生活介護などを受けるために、別な場所に出かけていくことになります。

居宅における生活支援サービスで一人暮らしも

もちろん、親なきあとに障害者は必ずこのどちらかの施設で生活するわけではありません。施設に入所せずきょうだいや親族とともに生活するという選択肢もあるでしょう。現にそうしたかたも相当数いらっしゃいます。

また、さまざまな居宅サービスを活用して一人暮らしの生活を選択するということも考えられます。居宅介護サービスで入浴、排泄、食事の介護を受けることができますし、「日常生活自立支援事業」(168ページ参照)によって、通帳等の管理や福祉サービス利用の援助もお願いできます。なお、重度の肢体不自由または重度の知的もしくは精神障害で行動上の著しい困難がある人は、在宅で長時間の支援を受けられる重度訪問介護を利用できる可能性もあります。

2つのサービスの主な内容と相違点

	施設入所支援 (入所施設)	共同生活援助 (グループホーム)
障害者総合支援法での分類	介護給付	訓練等給付
サービス内容	障害者につき、主として夜間において、共同生活を営むべき住居において相談、入浴、排せつ又は食事の介護その他の日常生活上の援助を行う	その施設に入所する障害者につき、主として夜間において、入浴、排せつ又は食事の介護その他の厚生労働省令で定める便宜を供与する
対象となる人	障害支援区分4以上限定(50歳以上は区分3以上に限定) ※中度～重度の人が多い	障害支援区分の条件なし ※軽度～中度の人が多い
運営主体	国、地方公共団体、社会福祉法人に限定	社会福祉法人、NPO、株式会社などさまざま
日中活動	同じ敷地内にある生活介護施設や作業所	ホームとは別の場所の、就労支援や生活介護施設、就労している一般企業など

グループホームでの生活のようすとお金のしくみ

障害者のグループホームは着実に増えています。実際に利用している人はどんな生活をしていて、料金のしくみはどのようになっているのでしょうか?

中度～軽度の利用者が多いが、重度障害者を支援する新しい類型も登場

グループホームには世話人が配置されて、家事や日常生活についての相談支援が受けられます。あくまで夜間のサービスを受けるための施設なので、日中は就労支援や生活介護施設、あるいは一般就労して職場に出かけるといったように、ホームの外で活動することになります。休日も同様です。

中度から軽度の人が利用する場合が多いですが、2018年4月の報酬改定によって、日中サービス支援型という重度障害者への支援を可能とする新しいグループホームの類型ができました。

利用料には助成金もあるが、余暇活動など別な出費の備えも必要

グループホームの料金体系は、基本的には家賃と食費、光熱水費、日用品費などで構成されています。

家賃は施設ごとに違っていて、住んでいる地域の相場の影響も受けるので、都市部と地方ではかなり差があります。右のページに東京都内にあるホームと、地方都市のホームの助成金と経費の例を掲載します。

施設とその他の食費や光熱水費なども実費で別途かかってきます。この金額も施設によって異なります。

これらの実費に対して、収入がほぼ障害基礎年金や手当のみの市区町村民税非課税の人は、家賃助成のために月額10,000円を上限として補足給付と呼ばれるお金が全国統一で支給されます。

さらにこれ以外にも、住んでいる地域によって助成の制度が用意されている場合があります。

多くのグループホームでは、支出が収入を上回らないようなしくみに

なっており、多くはないながらも、手元にお金が残るようになっています。ただし、本人の平日の夕方以降や休日の余暇活動などにかかる費用が、多少なりともかかることもあるでしょう。それらについては、別に備えが必要になります。

グループホーム利用の収支状況（例）

（月単位）

		東京都区部のAホーム	地方都市のBホーム
収入	障害基礎年金2級	約65,000	約65,000
	年金生活者支援給付金	約5,000	約5,000
	区福祉手当	16,500	
	収入合計（ア）	86,500	70,000
GH経費	家賃	70,000	18,000
	食費	27,000	20,000
	光熱水費	20,000	20,000
	日用品費	3,000	3,000
	支出合計（イ）	120,000	61,000
助成金	家賃助成（国）	10,000	10,000
	家賃助成（都）	14,000	
	家賃助成（区）	30,000	
	助成金合計（ウ）	54,000	10,000
支出	GH自己負担（イーウ＝エ）	66,000	51,000
収支	（ア）－（エ）	20,500	19,000

※GH＝グループホーム

施設入所支援による施設の生活は？

いわゆる入所施設は、特に重度の知的障害者で家族の支援が受けられない人にとっては、終の棲家としての拠り所でした。今でも重要な役割のある施設ですが、最近は新しいタイプの入所施設も登場しています。

夜間支援と日中活動の場があり、24時間態勢のサービスが受けられる

指定障害者支援施設（以下、入所施設）におけるサービス内容は、夜間における入浴、排せつ、食事などの介護や、日常生活における相談や助言などの支援を行う、となっています。

一つの施設の定員は、大きいところでは100人以上のところもありますが、近年は縮小化の傾向があり40～50人程度の小規模施設が増えています。

また、日中活動の場である生活介護施設等と併設されていることが多いので、施設から外出しなくても生活することができるようになっています。

現在の福祉施策の方向性では地域移行という考え方が打ち出されているため、このような24時間ひとつの場所で生活するという施設は、今後新しく建設される可能性は低いと思われます。しかし、とくに行動障害があるなど障害の程度が重く、日常的な介護サービスが必要だと思われる人の場合、手厚い支援が受けられる入所施設が有力な選択肢であることに変わりはありません。

具体的に施設入所を希望する場合、事前に障害支援区分の認定を受け、支援区分4以上であれば申し込みをすることができます。

なお、利用料金は、本人の収入が障害基礎年金のみでも、最低限のお金は本人の手元に残るようになっています。年金を受給して入所すれば、お金が足りなくなって施設を出なければいけなくなることは原則的にはありません。

数年間限定で施設入所し、地域移行を促すという通過型の入所施設

地域移行の考え方の中で、地域生活支援型入所施設というタイプが新しく建設されています。これは、数年間（3年程度）施設入所して、そこで自立できる生活能力を伸ばし、グループホームなどの地域生活に移行しようというもので、通過型施設とも呼ばれています。日中活動も同じ敷地内の施設で行います。

　数年後には退所することが原則ですので、その後の生活の場の確保が必要なため、並行してグループホーム等の整備が求められています。

●提供される主なサービス

・食事の提供
・入浴または清拭
・排泄の自立についての必要な援助
・身体などの介護
・訓練の実施
・生活相談
・健康管理
・その他、離床、着替え及び、日常生活上必要な介護・訓練・支援・相談・助言　など

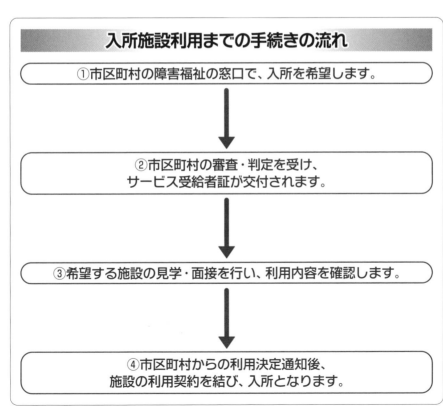

入所施設利用までの手続きの流れ

①市区町村の障害福祉の窓口で、入所を希望します。

②市区町村の審査・判定を受け、サービス受給者証が交付されます。

③希望する施設の見学・面接を行い、利用内容を確認します。

④市区町村からの利用決定通知後、施設の利用契約を結び、入所となります。

高齢で要介護状態に なったときの住まいは？

障害者が高齢になり、自宅での介護が困難になったら、介護サービスの利用が可能な施設などへの住み替えが考えられます。持病がある場合は、医療ケアが受けられる施設を選ぶ必要があります。

■ 介護を受けられる いろいろな住み替え先

障害のある子が高齢になったら、福祉サービスは介護保険の要介護認定を受けたうえで、「障害者サービス」から「介護保険サービス」に切り替えられます。自宅での生活が難しくなったら、介護保険を利用した住み替えを視野に入れ検討します。おもな住み替え先には、介護保険が適用される「**介護保険施設**」や、介護保険サービスを提供できる「**特定施設**」などがあります。

介護保険施設は、地方公共団体や社会福祉法人が運営するもので、「**特別養護老人ホーム**（介護老人福祉施設）」や「**介護老人保健施設**」がこれにあたり、一定の基準を満たした設備やサービスが利用しやすい料金で提供されます。

特定施設は、都道府県から「**特定**

施設入居者生活介護」の指定をうけた事業者が運営する民間施設で、介護保険が適用される「特定施設入居者生活介護」を提供することができます。介護付き有料老人ホーム、サービス付き高齢者向け住宅（サ高住）、軽費老人ホームの一種であるケアハウスなどがあります。

このほかの住み替え先として、認知症の人は、「**認知症高齢者グループホーム**（認知症対応型共同生活介護）」への入居も可能です。

■ 費用面で住み替え先を 選ぶとしたら

介護が受けられる施設やホームは各種ありますが、それぞれかかる費用が違います。手厚い介護のわりに費用が抑えられるのは「特別養護老人ホーム」ですが、その分人気があり申し込んでもなかなか入所できないのが実状です。同じ介護保険施設

の「介護老人保健施設」も全国同一の介護費用で手厚い介護と看護が受けられますが、入所期間に期限があるのでいつまでもいられるわけではありません。

有料老人ホームなどの特定施設を選ぶ人も少なくありませんが、施設によってサービスや費用、安定性にバラツキがあり、入居時にきちんと調べてから選ぶことが大切です。

介護が受けられる高齢者の住み替え先

介護保険施設　介護保険の施設サービス

特別養護老人ホーム（介護老人福祉施設）	介護を受けながら生活する施設。亡くなるまでいられるが、人気があり順番待ち
介護老人保健施設（老健）	病後にリハビリなどを行いながら自宅復帰をめざす施設。入所期限は原則3カ月
介護療養型医療施設	医療的なケアが受けられる介護保険施設で、2023年度末に廃止される予定
介護医療院	医療ケアを受けながら療養できる施設で、増加する医療・介護のニーズに対応する施設
認知症高齢者グループホーム（認知症対応型共同生活介護）	認知症の人が住み慣れた地域で、共同で生活しながら認知症の改善を図るグループホーム

特定施設　都道府県から、介護サービスを提供する許可を得ている

介護付き有料老人ホーム	施設のサポートを受けて介護サービスを利用しながら暮らせる施設
サービス付き高齢者向け住宅（サ高住）	安否確認などのサービスが提供される高齢者向け住宅
ケアハウス	施設のサポートを受けて介護サービスを利用しながら暮らせる施設

※特定施設以外でも、介護サービスを利用しながら生活できるところもある。

自分と子のために
知っておきたい介護保険

介護保険制度では障害者でも40歳になれば被用者保険の被扶養者などでない限り、保険料を支払います。障害福祉サービスと介護保険サービスが重複するときは介護保険サービスを優先して利用する決まりです。

介護保険は介護サービスを少ない自己負担で利用できる制度

2000（平成12）年4月にスタートした介護保険制度は、市区町村より「要介護」「要支援」の認定を受けた人が利用料の1割負担(所得によって2または3割)で介護サービスを受けられる公的社会保険制度で、運営は市区町村単位で行われています。

介護保険の財源は50%が税金で、残りは65歳以上の人（**第1号被保険者**）の保険料と40~64歳の人（**第2号被保険者**）の保険料でまかなわれています。市区町村によって介護保険の総事業費が異なるので、納める保険料は居住地や納める人の収入によっても異なります。

介護保険制度はこうした財源をもとに運用され、サービスを利用する人は全体の1~3割を自己負担し、残りは介護保険から支払われます。

介護保険を利用できるのは40歳以上の人です。40~64歳の第2号被保険者は初老期認知症や脳血管障害など、特定の病気（**16の特定疾病**）によって介護・支援が必要になったときに、介護保険のサービスが利用できます。

サービスを利用する場合は？

介護サービスを利用するためには、利用者となる人が住んでいる市区町村の窓口に本人または家族などが「**要介護認定**」の申請をしますが、地域包括支援センター、居宅介護支援事業者、介護保険施設に申請を代行してもらうことも可能です。そのうえで、市区町村の窓口に申請すると、介護や支援が必要かどうかを調べるために、訪問調査や審査が行われ、認定を受けて、はじめてサービスが利用できるようになります。

介護保険で利用できる介護・支援サービス

介護予防給付

要支援1・2と認定された人が要介護状態にならないように支援を受けるサービス。
下記の「介護給付　居宅サービス」の**赤字**で示したサービスがほぼ同様に利用できます。

介護給付　居宅サービス

居宅介護支援サービス
・**居宅介護支援サービス**（ケアプランの作成など）

訪問サービス
・**訪問介護**（ホームヘルプ、訪問を受けて介護、家事援助などを受ける）
・**訪問看護**（訪問看護師により家庭で看護を受ける）
・**訪問入浴介護**　・**訪問リハビリテーション**　・**居宅療養管理指導**

通所サービス
・**通所介護**（デイサービス、集団レクリエーションや食事、入浴などのサービスを受ける）
・**通所リハビリテーション**
　（病院や施設で、理学療法士の援助を受けながら機能回復訓練を行う）

短期入所サービス
・**短期入所生活介護**
　（ショートステイ、介護老人福祉施設などに短期間入所し、機能回復訓練などを行う）
・**短期入所療養介護**

特定施設サービス
・**特定施設入居者生活介護**（有料老人ホームなどの入居者が利用するサービス）

住宅改修・福祉用具貸与サービス
・**福祉用具の貸与**（車いすやベッドなどの福祉用具の貸し出しを受ける）
・**福祉用具の購入費の支給**（貸与になじまない用品の購入費が支給される）
・**住宅改修費の支給**（手すり設置など小規模な住宅改修の費用が支給される）

地域密着型サービス
・**定期巡回・随時対応型訪問介護看護**　・**小規模多機能型居宅介護**
・**夜間対応型訪問介護**　・**地域密着型介護老人福祉施設入所者生活介護**
・**地域密着型特定施設入居者生活介護**
・**看護小規模多機能型居宅介護**（複合型サービス）
・**認知症対応型共同生活介護**（要支援2以上）　・**認知症対応型通所介護**

介護給付　施設サービス

・**介護老人福祉施設**（特別養護老人ホーム、介護を受けながら過ごす生活の場）
・**介護老人保健施設**（リハビリや看護、介護などを受ける施設）
・**介護療養型医療施設**（長期療養目的で利用する医療施設）
・**介護医療院**（長期的な医療と介護のニーズに対応した施設）

介護保険サービスはどのくらい費用がかかりますか?

介護保険サービスの自己負担割合は障害福祉サービスと同様に原則1割です。介護保険サービスは要支援・要介護度によって1カ月に利用できる限度額が決まっていて、ケアプランに基づいて行われます。

介護保険にあるサービスは介護保険を優先して利用

障害のある子が高齢になったとき、これまで通り障害者総合支援法に基づくサービスを使い続けられるのか、介護保険サービスとの使い分けはどうなるのか心配でしょう。

障害福祉と介護保険サービスは別の制度なので、障害福祉サービスを利用している人でも、介護保険サービスを利用する際は「**要介護・要支援認定**」を受ける必要があります。共通するサービスなら、原則として介護保険サービスが優先されます。例えば、障害者総合支援法で「居宅介護」を利用していた人なら「訪問介護」に切り替わります。

介護保険サービスの費用はどのくらい?

障害福祉サービスの自己負担割合は1割ですが、応能負担によって低所得者は免除される人もいます。介護保険サービスの負担割合は所得によって1~3割ですが、「**高額介護サービス費**」という制度があり、所得によって上限が決まっています。

認定された「要介護・要支援度」によって1~3割で利用できる1カ月の上限額が決まっています。サービスは「介護(予防)サービス計画書(**ケアプラン**)」に基づいて行われます。要介護1~5の人のケアプランの作成は、居宅介護支援事業者の「**介護支援専門員**」(ケアマネジャー)に依頼でき、要支援1・2のケアプランは地域包括支援センターに依頼できます。ケアマネジャーは介護事業者との窓口になり、介護全般のよき相談相手になってくれます。障害者総合支援法の「**相談支援専門員**」と同様の役割です。

主なサービスの費用例

●訪問介護

訪問介護サービスの費用のめやす（自己負担１割の場合の１回あたりの利用料）

サービスの内容	所要時間	利用料（円）
身体介護	20分未満	163円／回
	20分以上30分未満	244円／回
	30分以上60分未満	387円／回
	60分以上90分未満	567円／回
	以降30分ごとに追加	82円
生活援助	20分以上45分未満	179円／回
	45分以上	220円／回
通院等乗降介助	1回あたり	97円

●通所介護（通常規模・要介護3の例）

	所要時間					
要介護3	3時間以上4時間未満	4時間以上5時間未満	5時間以上6時間未満	6時間以上7時間未満	7時間以上8時間未満	8時間以上9時間未満
利用料	479円	502円	777円	796円	900円	915円

●高額介護サービス費

	自己負担の限度額（月額）
現役並み所得相当	44,400円
一般（市区町村民税課税世帯）	44,400円
市区町村民税非課税等	24,600円
年金収入80万円以下等	15,000円

●要支援・要介護度別の支給限度額

区分	自己負担・月額
要支援1	5,032円
要支援2	10,531円
要介護1	16,765円
要介護2	19,705円
要介護3	27,048円
要介護4	30,938円
要介護5	36,217円

※金額は2024年4月現在で、自己負担1割の場合で介護給付の1単位を10円として計算したもの。

さくいん

監修　渡部　伸（わたなべ　しん）

1961年生、福島県会津若松市出身

「親なきあと」相談室主宰　http://www.oyanakiato.com/

「親なきあと」相談室とは〜障害のある子を持つ親や家族のために、自分たちがいなくなったあと、今ある法制度やサービスをうまく組み合わせることで、子どもが少しでも安心して暮らせるようアドバイス

行政書士、社会保険労務士、2級ファイナンシャルプランニング技能士

世田谷区区民成年後見人養成研修修了

世田谷区手をつなぐ親の会会長

著書　障害のある子の家族が知っておきたい「親なきあと」
　　　障害のある子が「親なきあと」にお金で困らない本
　　　障害のある子の「親なきあと」〜「親あるあいだ」の準備
　　　障害のある子の住まいと暮らし
　　　（ともに主婦の友社刊）
　　　まんがと図解でわかる障害のある子の将来のお金と生活
　　　Q&Aと事例でわかる　障害のある子・ひきこもりの子の将来のお金と生活
　　　（ともに自由国民社）
　　　障害のある子が安心して暮らすために: 支援者が知っておきたいお金・福祉・くらしのしくみと制度（合同出版）

●第5章（障害年金）執筆　溝口博敬（特定社会保険労務士）

障害のある子が将来にわたって受けられるサービスのすべて

2019年4月18日　初版第1刷発行

2024年7月3日　第2版第1刷発行

監修者	渡部　伸
発行者	石井　悟
発行所	株式会社 自由国民社
	〒171-0033　東京都豊島区高田3-10-11
	電話（営業部）03-6233-0781（編集部）03-6233-0787
	ウェブサイト　https://www.jiyu.co.jp/
印　刷	大日本印刷株式会社
製　本	新風製本株式会社
編集協力	株式会社耕事務所
執筆協力	稲川和子
本文デザイン	石川妙子
本文イラスト	小林裕美子
カバーデザイン	JK